NEDERLANDSE ARCHITECTEN EN HUN HUIS
DUTCH ARCHITECTS AND THEIR HOUSES

NEDERLANDSE ARCHITECTEN EN HUN HUIS

Mirjam Bleeker
Frank Visser
Santje Kramer

DUTCH ARCHITECTS AND THEIR HOUSES

LUSTER

DE ARCHITECTEN
THE ARCHITECTS

VOORAF

Wonen in je eigen creatie, nadenken over ieder detail, experimenteren met materiaal en indeling, zonder daarbij gehinderd te worden door tijdsdruk of restricties van een opdrachtgever. Hier is de architect de opdrachtgever van zichzelf, dat moet wel goed aflopen. Voor dit boek fotografeerden we Nederlandse huizen van architecten en ontwerpers van verschillende generaties, die van hun *home* hun *castle* maakten. Huizen van architecten die internationaal toonaangevend zijn en prijzenkasten vol hebben, tot veelbelovende en idealistische architecten.

Zestien huizen, zestien persoonlijke beeldverhalen. Sommige huizen zijn ontstaan op de eigen tekentafel, andere huizen weer zijn eeuwenoud, drijvend of opnieuw vormgegeven. Maar alle interieurs zijn ontsproten aan hun eigen brein, en veelal verbouwd met eigen handen. Het zijn stuk voor stuk unieke woonobjecten dankzij hun ligging, kleur- en materiaalgebruik, de keuze voor meubels en kunst. De bewoners creëerden inventieve oplossingen voor platvloerse problemen, ontworpen bouwmaterialen die in collecties werden opgenomen, choqueerden omwonenden met hun ontwerp, kochten krot of rommelig erf, of kozen juist voor het mooiste penthouse. Van Randstad tot diep in de provincie zochten wij hen op.

Bij de meeste architecten toont het interieur de geschiedenis van hun leven. Opvallend vonden wij de vele verzamelingen, zelfs bij de minimalistische huizen. Uitgebreide collecties boeken, vondsten uit de natuur of uiteenlopende kunstwerken geven elk huis zijn specifieke karakter. Toch lijkt de architect een uitgesproken voorkeur te hebben voor 'bewezen' meubels; vaak tref je hetzelfde design aan, wat het idee geeft dat het hier typisch architectenmeubels betreft. Water is in Nederland nu eenmaal een gegeven; zij die aan of op het water wonen, gaan er de dialoog mee aan. Het waterrijke uitzicht wordt onderdeel van het interieur, en geeft een gevoel van ruimte en vrijheid.

Een mooier beroep dan dat van architect lijkt nauwelijks te bestaan. Het vak paart creativiteit aan visie, esthetiek en logica. Deze ingrediënten toegepast op hun eigen huis, leveren inspirerende resultaten op. Wij hebben het voorrecht gehad hun privédomein te mogen betreden, wat geleid heeft tot dit boek.

Mirjam Bleeker
Frank Visser
Santje Kramer

PREFACE

Living in a house you have created yourself, thinking about every small detail, experimenting with materials and spaces, without being hemmed in by deadlines or a client's demands. When an architect builds his or her own house, it is bound to be something special. For this book, we photographed various houses in the Netherlands built by architects and designers from different generations, each one seeking to turn a home into a castle. The architects ranged from big names with international reputations and shelves lined with awards, to promising young architects driven by idealism.

Sixteen houses, sixteen personal stories told in pictures. Some of the houses were created on the architects' own drawing boards, while others were centuries-old houses – and in one case a floating home – that were given a new lease of life. But all the interiors were conceived in the architects' minds, and many were constructed using their own hands. Each and every one of these creations is a unique house because of its location, colours and materials, as well as the choice of furniture and art. The inhabitants came up with creative solutions for basic problems, designed building materials that were taken up in collections, shocked neighbours with their designs, bought a ruin or a dilapidated farm, or just opted for the most beautiful penthouse. We hunted them down in different parts of the Netherlands, ranging from the Randstad to the deepest provinces.

In the majority of cases, the interior was a reflection of their own personal history. We were struck by the large number of collections, even in the most minimalist houses. Each house gained its particular character from the extensive collections of books, things found in nature, and diverse works of art. Yet each architect seemed to have a distinct preference for 'tried and tested' furniture; you often came across the same designs, which suggests that there is a typical architect's style of furniture. In the Netherlands, water is a constant element nowadays; those who live on the water or waterfronts enter into a dialogue with it. A view dominated by water becomes an integral part of an interior, creating a sense of space and freedom.

It is hard to imagine a more attractive profession than that of architect. The job combines creativity with vision, aesthetics and logic. When these elements are incorporated into one's own house, the results are astonishing. We were permitted to enter these private worlds, which provided the inspiration for this book.

Mirjam Bleeker
Frank Visser
Santje Kramer

ELINE STRIJKERS

Ons interieur is constant in beweging en wordt bepaald door het moment. Gelukkig is de begane grond een grote en open ruimte, waar alles gebeurt en waar ook alles kan gebeuren. We wonen, werken, spelen, musiceren en koken er. Soms staan er scooters en motoren waar mijn man aan sleutelt, of liggen er boeken en tekeningen over de grond verspreid als ik met een project bezig ben, terwijl onze zonen in een hoek torens van lego bouwen. Wanneer we ruimte moeten scheppen, schuiven we de bank tegen de muur. Mijn man houdt veel van koken en is een goede kok, daarom staan er altijd pannen met eten te pruttelen. Ik vind het leuk dat onze jongens al die geuren en bereidingen meekrijgen.

Tien jaar geleden hebben we dit voormalig postkantoor gekocht, een bouwval met een totaal verkracht interieur. We woonden in hartje Rotterdam, en ook al houden we erg van de stad, **met de komst van de kinderen kregen we behoefte aan groen**. Zo vonden we uiteindelijk deze plek in Willemstad. Het is een vrij toeristisch vestingstadje met een haven, en heeft als voordeel dat er winkels en horeca zijn. Wij wonen gelukkig in de luwte. Net als wijzelf, leven hier vrij Rotterdammers en hebben we hier heel erg leuke mensen leren kennen. Ik had dat nooit zo verwacht.

Our interior is constantly in movement and is defined by the moment. Fortunately, the ground floor is a large open space, where everything happens and also everything can happen. This is where we live, work, play, cook and play music. Sometimes my husband's scooters and cars are sitting around while he repairs them, or there are books and drawings scattered across the floor if I am working on a project, while our sons are sitting in a corner building a tower out of Lego. When we need to create some space, we shove the couch up against the wall. My husband is a good cook and he loves cooking, so there are always saucepans of food bubbling away. I like it that our boys get to grow up surrounded by all these smells and preparations.

Ten years ago, we bought this former post office. It was a ruin and the interior had been ripped out. We lived in the heart of Rotterdam and, although we really loved living in the city, **the arrival of children meant that we needed green space**. So we finally found this place in Willemstad. It's quite a touristy walled town with a harbour; the advantage for us was that there were shops, cafés and restaurants. We were happy to live away from the action. There were a lot of people just like us who had moved here from Rotterdam and we got to know some really nice people. I had never expected that.

De verbouwing van ons huis heeft anderhalf jaar geduurd.
We hebben de structuur van het huis aangepakt, waarbij
hoogte en openheid de uitgangspunten waren. De pui aan
de achterzijde had twee kleine raampjes, maar wij hebben
die muur zoveel mogelijk open gemaakt en er glazen
deuren in gezet. Hierdoor is de tuin een verlengstuk van
het huis. De badkamer die we zelf hebben gebouwd, is
bekleed met okerkleurig polyester. De doucheruimte heeft
twee koppen en het bad is zo groot dat je er met z'n vieren
in kan. Als je een bad neemt met het raam open, dan zie
je de bomen die tegen de gevel aan staan, en hoor je de
vogels. Het is net of je in het bos ligt te dobberen.

We hebben geen concept op het interieur van ons huis
losgelaten. **Wat er in staat, hebben we in de loop der tijd om
ons heen verzameld**. Zoals een kleed dat we ooit in Istanbul
kochten. Ik vind het leuk dat het me daaraan herinnert,
net als veel andere objecten uit landen of van plekken
waar we zijn geweest. De stukken hout aan de muur
boven de bank zijn afkomstig van een object dat mijn
man ooit maakte voor een tentoonstelling. Toen het werd
afgebroken heeft hij een aantal delen meegenomen. Het
is mooi dat zoiets bij ons voortleeft. De design classics
zoals de bank van Kjearholm en de stoelen van Eames zijn
inwisselbaar, maar ik zou het wel heel erg vinden indien
de verzameling stokken van de jongens, de veren en de
skeletjes verloren gingen.

De natuur is een belangrijke inspiratiebron. Ik kijk
altijd om me heen. Neem de constructieve betekenis en
schoonheid van een schubbenhuid of van een visgraat.
Die is flexibel en mag gezien worden, en dat geldt ook voor
een gebouw. Als ik iets ontwerp zoek ik niet letterlijk de
verbinding met de natuur, maar **ben ik me wel zeer bewust
van lokale condities en kwaliteiten**. Die worden ook duurzaam
vertaald binnen de projecten. Duurzaamheid gaat bij
ons niet alleen over het vinden van effectieve technische
oplossingen. De projecten zijn altijd een snijpunt van
communicatie, sociale structuren, economie en gebruik.
We doen veel onderzoek naar bioklimatisch ontwerpen.
We geven daarmee een logisch en noodzakelijk antwoord
op actuele vraagstukken.

**The conversion of our house took a year and a half to
complete**. We altered the structure of the house, working on
the basis that we wanted height and openness. The back of the
house had two small windows, but we opened up the wall as far
as possible and installed glass doors. This meant that the garden
became an extension of the house. The bathroom, which we
built ourselves, is clad with ochre-coloured polyester. The shower
space has two shower heads and the bath is big enough to hold
four people. If you take a bath with the window open, you can see
the trees that grow against the wall, and hear the birds. It feels as
if you're bobbing around in the woods.

We didn't have a particular concept when we designed the
interior of our house. **It contains things that we have
acquired in the course of time**. Like a carpet that we once
bought in Istanbul. I like the way that it serves as a reminder,
just like a lot of other objects from countries or places that we
have visited. The pieces of wood hanging on the wall above the
couch are from an object that my husband once made for an
exhibition. When it was being dismantled, he kept some of the
pieces. It's good that something like that can live on in our home.
The design classics like the Kjearholm sofa and the Eames chairs
are replaceable, but I would be really upset if we lost the boys'
collection of sticks, feathers and skeletons.

Nature is an important source of inspiration. I always look around
me. Take the constructive significance and beauty of fish scales
or a herringbone. They are flexible and deserve to be seen, which
is just like a building. If I design something, I don't literally look
for a link with nature, but **I am all the same very aware of
local conditions and qualities**. These are then permanently
translated within the projects. For us sustainability isn't just the
search for effective technical solutions. The projects are always
at the interfaces of communication, social structures, economy
and use. We carry out a great deal of research into bioclimatic
designs. In this way, we provide a logical and essential answer to
urgent questions that are being asked.

De pui aan de achterzijde had twee kleine raampjes, maar wij hebben die muur zoveel mogelijk open gemaakt en er glazen deuren in gezet. Hierdoor is de tuin een verlengstuk van het huis.

The back of the house had two small windows, but we opened up the wall as far as possible and installed glass doors. This meant that the garden became an extension of the house.

18

Eline Strijkers, °1969
Doepel Strijkers

BIOGRAFIE

1992-1995	diploma interieurarchitectuur, Willem de Kooning academie, Rotterdam
1988-1992	diploma Vormgeving en Communicatie, Ichthus hogeschool, Rotterdam
1994-1999	interieurarchitect bij MVRDV architecten, Rotterdam
1999	oprichting Bureau Strijkers, Rotterdam
2007	oprichting Bureau Doepel Strijkers, Rotterdam
2009	winnaar Dutch Design Award 2009, Parksite
2010	winnaar AM NAi publieksprijs, beste gebouw van een jong architectenbureau, Parksite
2011	winnaar Annual Office Space Award by modern decoration international media prize, China, Haka Kringloop kantoor
2011	winnaar Annual outstanding designer award by modern decoration international media prize, China

PROJECTEN – EEN SELECTIE

Haka Recycle Office, Rotterdam
Stills Flagshipstore, Amsterdam
Korea National Housing Corporation, Seoul, Korea
Klimaatplein, Nederlands Architectuurinstituut, Rotterdam
Maquil Tochtli tequila distillery, Jalisco, Mexico
Parksite, Rotterdam

Eline Strijkers, born 1969
Doepel Strijkers

BIOGRAPHY

1992–1995	diploma in interior architecture, Willem de Kooning Academy, Rotterdam
1988–1992	diploma in Design and Communication, Ichthus College, Rotterdam
1994–1999	interior architect at MVRDV architects, Rotterdam
1999	founder Bureau Strijkers, Rotterdam
2007	founder Bureau Doepel Strijkers, Rotterdam
2009	awarded Dutch Design Award 2009, Parksite
2010	awarded AM NAi public prize, best building by a young architecture firm, Parksite
2011	awarded Annual Office Space Award, Modern Decoration International Media Prize, China, Haka Recycle Office
2011	awarded Annual Outstanding Designer Award, Modern Decoration International Media Prize, China

PROJECTS – A SELECTION

Haka Recycle Office, Rotterdam
Stills flagship store, Amsterdam
Korea National Housing Corporation, Seoul, Korea
Klimaatplein, Nederlands Architecture Institute, Rotterdam
Maquil Tochtli tequila distillery, Jalisco, Mexico
Parksite, Rotterdam

ARNE VAN HERK & SABIEN DE KLEIJN

Begin jaren zeventig lagen Arne en ik met ons schip in de Rotterdamse haven tegenover het bekende architectenbureau Van den Broek en Bakema. Het was een warme zomer, en **wij stonden in het ruim met de luikenkap open in bikini en zwembroek te tekenen**, terwijl zij binnen met stropdas achter de tekentafel stonden. Later hebben we nog samengewerkt aan een Haags project.

We kochten de Res Nova in 1970 voor 7000 gulden, en hebben de tjalk voor een habbekrats in een vloek en een zucht verbouwd. We gingen ons niet fixeren op het schip, zoals velen dat wel deden en na jaren nog niet klaar waren. De zijwanden maakten we van gegalvaniseerde golfplaten, de luiken kochten we op de sloop, in de keuken is de afzuigkap gemaakt van een autoventilator in een oude wasteil, die nog aan boord lag. We wilden geen ramen in de zijkant maken omdat dit nautisch gezien niet verstandig is. **Je moet geen huis willen maken van een varend schip**. Om toch mooi en egaal licht binnen te krijgen, hebben we in de luiken op het dak perforaties gemaakt in een rustig en gestroomlijnd patroon. De ramen hebben we gemaakt van perspex, fietsband, knopen en elastiek. Ze kunnen alzijdig open naar de wind. Het dek is afgesloten met gewapend en waterdicht zeildoek. Blijkbaar hebben we het in die korte tijd goed gedaan, omdat er sindsdien niets wezenlijks is veranderd.

In the early 1970s, Arne and I were on our boat in Rotterdam harbour moored across from the famous architects' firm Van den Broek en Bakema. It was a warm summer, and **we were inside our boat with the hatch open working on drawings, wearing just a bikini or swimming trunks**, while they were working at drawing boards in shirts and ties. Later on, we worked with them on a project in The Hague.

We bought the Res Nova, a typical Dutch tjalk, in 1970 for 7,000 Guilders, and renovated it in next to no time working with a shoestring budget. We didn't become obsessed with the boat and, like a lot of people, spend years repairing it with no end in sight. We made the side walls out of galvanised sheets of corrugated iron, the hatches came from a breakers' yard, while the cooker hood in the kitchen is made from bits salvaged from an old washing machine we found on the boat. We didn't want to put windows in the side walls because that wasn't nautically correct. **You shouldn't try to make a house out of a working ship**. But we did create perforations in the roof hatches based on a gently streamlined pattern to ensure a balanced and pleasant light inside the boat. We made the windows out of perspex, bicycle inner tubes, buttons and elastic. They can open any way you want depending on the wind. The deck was covered with a reinforced and waterproofed sail. It looks like we did everything right in that short period, since we haven't made any substantial changes since then.

Wonen op een schip heeft enorm veel beperkingen en eist een hoge mate van flexibiliteit, ook in je interieur. **Er zijn geen rechte muren, dus de meeste oplossingen zijn niet te koop**. Alles aan boord is demontabel want mocht er water binnenkomen, dan moet je ingrijpen en overal bij kunnen. Je doet concessies op comfort: er is geen centrale verwarming, er zijn vijf kachels die je moet schoonhouden en in de wc kan het steenkoud zijn. En als je weer terugkomt en aanlegt bij de kade, moet je de boot aansluiten op het riool. Een goede organisatie is noodzakelijk. Daarom hebben we een uitgebreide checklist voordat we uitvaren. Toch gaat er nog wel eens iets fout zoals die keer dat we door een zeesluis moesten en we vergeten waren een rijtje kasten vast te zetten. Toen ik het ruim in ging, lag alles als een schitterende sculptuur over de vloer. Ik heb er foto's van gemaakt omdat ik het eigenlijk heel mooi vond.

Het ruim wilden we zo open mogelijk houden. In het midden staan twee oliekachels en een houtkachel. Verder hebben we negen kleine tafels die we schakelen net zoals het uitkomt. Ik kan in mijn eentje geen grote logge tafel verschuiven, vandaar deze flexibele oplossing. Sommige stoelen zoals die van Joe Colombo - de eerste kunststofstoel - dragen een sok om de stoel beter te laten schuiven. Ik vind het wel relativerend. Langs de wanden maakten we een bank van twaalf meter met kussens van canvas waar vroeger de zeilen van werden gemaakt. De bank doet nog altijd dienst.

Behalve wonen en varen, ontwerpen we hier ook. **We zijn sterk voor een dienende functie van een huis**. Met het zoeken naar oplossingen voor ons eigen schip, hebben we veel ervaring opgedaan voor op het eerste gezicht onmogelijke ruimtes. Maar ik zou het bij twijfel afraden om op een varend schip te gaan wonen. Het bepaalt je loopbaan omdat het zoveel aandacht en tijd vergt, zeker als je zelf veel wilt doen. Het is een lichaam dat vraagt om vetjes, zalfjes en smeerseltjes, elk onderdeel vraagt een specifieke aanpak. Daar staat tegenover dat we kunnen zeggen: wij wonen in Nederland. Onze spudpalen worden binnenkort besteld, en daarmee kunnen we vrij op rivier en kanaal liggen. En het Nederlandse rivierenlandschap is werkelijk schitterend.

Living on a boat involves all sorts of limitations and requires a large degree of flexibility. This also applies to your interior. **There are no vertical walls, so you can't just buy things off the shelf that will fit**. You have to be able to dismantle everything on board in case you have a problem with water seeping inside, since you have to be able to reach every part of the boat. You have to compromise on comfort: there is no central heating, you have five stoves that you have to clean and it can be freezing cold in the toilet. And if you return from a trip and tie up on the quayside, you have to connect to the sewer. Good organisation is essential, so we have to go through a long checklist before we can set sail. Even so, things can sometimes go wrong, like the time that we had to pass through a sea lock and we forgot to secure a row of cupboards. When I went inside, I found everything scattered around on the floor like a sculpture. I even took some photographs because I actually found it so beautiful.

We wanted to keep the space as open as possible. Standing in the middle are two oil-burning stoves and a wood-burning stove. We also have nine small tables which we arrange to suit our needs. I can't shift a huge unwieldy table on my own; hence this flexible solution. Some chairs, like the one by Joe Colombo — the first synthetic chair — have socks on them to make it easier to shift them. I think it puts it all in perspective. We created a 12-metre-long bench along the walls with cushions made out of canvas that was once used for the sails. The bench is still in use.

As well as living and sailing, we also design objects here. **We strongly believe in a house that serves a function**. In searching for solutions for our own boat, we have gained a lot of experience in dealing with spaces that at first glance look impossible. But I would discourage anyone who has reservations about the idea of living on a sailing boat. It takes over your life because you have to devote so much time and attention to it, particularly if you want to do a lot of the work yourself. It's a body that cries out for oils, creams and ointments, each part calling for a particular solution. On the other hand, we can say: we live in the Netherlands. We are just about to order our spud poles, so we will be able to moor freely on rivers and canals. And the landscape of the Dutch waterways is really beautiful.

We hebben negen kleine tafels die we schakeren net zoals het uitkomt. Ik kan in mijn eentje geen grote logge tafel verschuiven, vandaar deze flexibele oplossing.

We have nine small tables which we arrange to suit our needs. I can't shift a huge unwieldy table on my own; hence this flexible solution.

De slaapruimtes hebben verschillende matrassen met specifieke maatvoering. Om ons niet te vergissen, hebben we een rode en een blauwe ruimte met bijpassende lakens.

In the sleeping areas, we have installed various matrasses in particular sizes. To avoid making mistakes, we have a red and a blue storage space with the correct sizes of sheets.

Arne van Herk, °1944
Van Herk De Kleijn Schroeder & De Jong

1969	diploma Academie Beeldende en Bouwende kunsten, Tilburg
1969-1971	studie aan de Vrije academie Den Haag, film en fotografie
1971-1973	studie aan Academie van Bouwkunst Tilburg, Amsterdam
1989-1992	docent academies van bouwkunst Amsterdam, Rotterdam, Groningen
1992-1993	gastdocent aan het Berlage Instituut, Rotterdam
1993-1998	buitengewoon hoogleraar, TU Delft

Sabien de Kleijn, °1946
Van Herk De Kleijn Schroeder & de Jong

1967	diploma Academie Beeldende en Bouwende Kunsten, Tilburg
1967-1971	studie aan de Vrije Academie Den Haag , film, fotografie en vrij tekenen
1987-1988	docent Academie van Bouwkunst, Amsterdam, Tilburg
1988-2006	gastdocent aan TU Delft, Berlage instituut, Ecole superieure d'arts Parijs, docent Gerrit Rietveld Academie

PROJECTEN – EEN SELECTIE

Borneokade, woningen Amsterdam
Het Spectrum, school Almere
Logiesgebouw, Koninklijke Marine, Den Helder
Blok 30 woningen, IJburg
Sciencepark, studentenhuisvesting Amsterdam
Prinses Margrietschool, Delft
Stationsplein, Den Haag

Arne van Herk, born 1944
Van Herk De Kleijn Schroeder & De Jong

1969	graduates from the Academy of Art and Architecture, Tilburg
1969-1971	studies film and photography at the Free Academy in The Hague
1971-1973	studies at the Academies of Architecture in Tilburg and Amsterdam
1989-1992	teaches at the academies of architecture in Amsterdam, Rotterdam and Groningen
1992-1993	guest lecturer at the Berlage Institute, Rotterdam
1993-1998	Professor, Delft University of Technology

Sabien de Kleijn, born 1946
Van Herk De Kleijn Schroeder & de Jong

1967	graduates from the Academy of Art and Architecture, Tilburg
1967-1971	studies film, photography and drawing at the Free Academy in The Hague
1987-1988	Teaches at the academies of architecture in Amsterdam and Tilburg
1988-2006	Guest lecturer at Delft University of Technology, the Berlage Institute, the Ecole superieure d'arts, Paris, teaches at the Gerrit Rietveld Academy

PROJECTS – A SELECTION

Borneokade housing, Amsterdam
Het Spectrum school, Almere
Officers' Quarters, Netherlands Royal Navy, Den Helder
Blok 30 housing, IJburg, Amsterdam
Sciencepark, student housing, Amsterdam
Prinses Margrietschool, Delft
Stationsplein, The Hague

EGBERT
DE WARLE

In januari 2011 kochten Roos van Enter en ik dit dubbele bovenhuis. Roos is als architecte en architectuurhistorica gespecialiseerd in restauratie van gebouwd erfgoed. Gedurende het ontwerpproces heb ik het voortouw genomen. Toen we de sleutel kregen, hadden we ruim een jaar gezocht naar een geschikte woonruimte. **Bij verbouwingen word je als architect vaak pas ingeschakeld als de ruimte al is gekozen, terwijl in de fase daarvoor juist zoveel wordt bepaald**. In dit geval echter konden we het huis selecteren op zijn ruimtelijke potentie. Ik viel hier vooral voor de maatverhoudingen van de plattegrond, Roos voor het licht. Het huis is breder dan veel Amsterdamse bovenwoningen en bovendien minder diep. Qua indeling is de woning daardoor flexibeler, en daglicht is er ook midden in de woning.

De verbouwing van deze woning was mijn eerste project als zelfstandig architect, en **ik vond er bevestiging van mijn ideeën over ruimte, materiaal en detail**. Tijdens de sloop van de plafonds ontdekten we een vrijwel gave balklaag. Hoewel ze nooit bedoeld was als zichtbaar element, bezit ze een grote schoonheid. De balken zijn dan ook beeldbepalend geworden. De kapruimte ontsloten we ook, zodat we door het gehele huis aan hoogte wonnen. Dat maakt de ervaring van de ruimte compleet anders. We zijn rigoureus tewerk gegaan; alle wanden die niet onderdeel waren van de hoofddraagconstructie hebben we weggehaald.

In January 2011, Roos van Enter and I bought this upstairs apartment on two floors. Roos is an architect and architectural historian, specialising in the restoration of building heritage. During the design process, I took the lead. By the time we received the keys, we had been looking for a suitable house for about a year. **When a building is being renovated, you are often only brought in as the architect once the space has already been chosen; so a great deal has already been decided during the preceding phase**. But in this case we were able to select the house on the basis of its spatial potential. I was particularly impressed by the dimensions of the plan, whereas Roos fell for the light. The apartment is wider than most upstairs apartments in Amsterdam, while it is also less deep. That makes it more flexible when it comes to dividing the rooms, and the middle of the house also gets direct daylight.

The renovation of this house was my first project as a freelance architect, and **it confirmed my ideas about space, material and detailing**. While we were removing the old ceiling, we discovered an almost perfect set of beams. While it was never intended as a visible element, it was extremely beautiful. The beams thus became a defining element in the design. We also opened up the roof space, so we gained extra height through the whole house. This created a completely different spatial experience. We were rigorous in our approach and ripped out all the walls which were not part of the load-bearing structure.

Van tien kamers is het huis teruggebracht tot drie ruimten.
Het pand is precies oost-west georiënteerd en de woning
heeft na de verbouwing de kwaliteiten van een typische
doorzonwoning verkregen. Sommige plekken benutten
optimaal de ochtendzon, andere de avondzon, en winnen
zo aan extra kwaliteit. We waren snel klaar met de globale
ruimteverdeling. Eten, koken, zitten en musiceren doen
we beneden, terwijl boven de slaapkamer en werkruimte
zijn. Als je rigoureus gaat slopen, moet je ook nadenken
over eventueel hergebruik van het sloopmateriaal. Dat ben
je aan de wereld verplicht. We hebben in dit huis dan ook
heel veel restmateriaal een nieuwe bestemming gegeven.
Boven hebben we deels een verhoogde vloer laten
maken van sloophout. Door het hout te behandelen met
expoxyhars kreeg het een tweede leven als afwerkvloer, en
is het zelfs geschikt gemaakt voor de natte ruimte. Samen
met de kastenwand boven herbergt de verhoogde vloer alle
leidingen voor elektra en centrale verwarming, waardoor
we het balkenplafond beneden helemaal in het zicht
konden laten.

Alle verdere toevoegingen aan de ruimte zijn gemaakt van
heel gewone materialen: het toilet is uitgevoerd in blank
gelakte multiplex, de keuken in grijs mdf en hergebruikte
bakstenen, de kastenwand boven in zwart mdf en de
badruimte en de badombouw zijn afgewerkt in groen mdf.
**Door de precieze detaillering en het onconventionele gebruik
van deze materialen zien ze er chic uit, maar ze houden de
kostprijs laag.** De duurste ingreep van het hele huis zijn
de leren vloertegels. Leer is heel sterk, het raakt prachtig
doorleefd in de loop van de tijd en is zeer comfortabel
als je op blote voeten loopt. Van de restjes hebben we
handgrepen op de kasten gemaakt.

De ruimtelijke basis van de woning is eenvoudig en helder
en het eigen karakter van de materialen is zoveel mogelijk
in het zicht gelaten. **Er is weinig geschilderd; de materialen
hebben zelf al kleur en structuur.** Ook de muren zijn blank
gelakt. De subtiele kleurverschillen van het gips en de
sporen van de spaan van de stukadoor blijven daardoor
zichtbaar. De kozijnen en schuifpuien van kunststof die
in de jaren negentig zijn geplaatst, vonden we lelijk.
We hebben er vensterbanken in gemaakt met restanten
hout uit de plafonds, en er zelfgemaakte lamellen van
industrieel vilt in gehangen, waardoor de kozijnen binnen
minder prominent zijn. Op zo'n manier krijgen bestaande
elementen in een nieuwe context een andere betekenis.
Ooit zullen we ze vervangen door houten kozijnen om ook
het gevelbeeld te herstellen.

**Starting with the original ten rooms, the house was
reduced to three spaces.** The building is precisely oriented
on an east-to-west axis and, following the reconstruction, has
the typical characteristics of a 'doorzonwoning', with a single
long room running the length of the house, and windows at
both ends. Some parts benefit from morning sun, while others
catch the evening sun, which gives the house a special quality.
It was a simple matter to decide on the overall division of space:
downstairs was for eating, cooking and playing music, while the
bedroom and study were upstairs. When you are demolishing
an interior, you have to think about ways in which the material
can be salvaged. You owe this to the planet. In this project, we
found ways of recycling a great deal of the construction waste.
In the upstairs space, we partly constructed a raised floor using
old wood from the house. We treated the wood with epoxy resin,
which gave it a second life as a floor surface, and this also made it
suitable for the wet areas.

All the other additions to the space were achieved with very
'ordinary' materials: the toilet is made using white varnished
multiplex, the kitchen with grey MDF and recycled bricks, the
cupboard wall above is black MDF, while the bathroom and bath
surround are green MDF. **The end result looks stylish because
of the precise detailing and unconventional use of
materials, yet the cost price is cheap.** The leather floor tiles
are the most expensive new feature in the entire house. Leather is
very strong, it ages beautifully over time, and it is very comfortable
if you walk on it in bare feet. We used the leftover pieces to create
handles for the cupboards.

The spatial logic of the house is simple and clear, and the unique
character of the materials is left exposed as far as possible.
**We have not painted much; the materials themselves
already have colour and structure.** The walls are also left
untreated. This means that subtle colour differences in the plaster
remain visible, as well as traces of struts from the plasterwork.
The frames and sliding doors were made from synthetic materials
in the 1990s. We thought they were ugly, so we put in window
sills made with wood salvaged from the ceilings, and hung home-
made blinds made from industrial felt, which made the frames
inside less prominent. This was a way of placing existing elements
in a new context to give them a different meaning. We plan to
replace them one day with wooden frames to restore the façade
to its original appearance.

Tijdens de sloop van de plafonds ontdekten we een vrijwel gave balklaag. Hoewel deze nooit bedoeld was als zichtelement, bezit ze een grote schoonheid. De balken zijn dan ook beeldbepalend geworden.

While we were removing the old ceiling, we discovered an almost perfect set of beams. While it was never intended as a visible element, it was extremely beautiful. The beams thus became a defining element in the design.

Egbert De Warle, °1983
Egbert De Warle Architectuur

BIOGRAFIE

2002-2009	studie bouwkunde, TU Delft en wijsbegeerte, Universiteit Leiden
2009	diploma bouwkunde aan de TU Delft
2009	oprichting Egbert de Warle Architectenbureau
2009-...	projecten in Iran (i.s.m. IPAO architects)
2010-...	gastdocent, TU Delft
2011	realisatie eigen huis samen met Roos van Enter

PROJECTEN – EEN SELECTIE

Ontwerp voor een cultureel centrum in Ramsar, Iran
Ontwerp voor een museum in Pouladshahr, Iran
Privéwoning, Amsterdam
Ontwikkelingsvisie voor het Suikerunie-terrein, Groningen

Egbert De Warle, born 1983
Egbert De Warle Architectuur

BIOGRAPHY

2002-2009	studies engineering at Delft University of Technology and philosophy at University of Leiden
2009	diploma in architecture at Delft University of Technology
2009	founder Egbert de Warle Architects
2009-...	various projects in Iran with partners IPAO architects
2010-...	guest lecturer at Delft University of Technology
2011	completes own house with Roos van Enter

PROJECTS – A SELECTION

Design for a cultural centre in Ramsar, Iran
Design for a museum in Pouladshahr, Iran
Private house, Amsterdam
Development concept for Suikerunie site, Groningen

DON
MURPHY

Onze jongste zoon van vijf jaar, ons nakomertje, zei laatst tegen me: 'Pap, ons huis is net een kunstwerk, en wij leven erin.' Dat heeft hij goed gezien. En zoals het wel vaker met een kunstwerk gaat, is het omstreden. Maar **dat ons huis zulke heftige reacties zou oproepen, had ik niet verwacht**. De ochtend dat ik er voor het eerst wakker werd en met mijn honden liep te wandelen, schreeuwde een jogger dat hij het afschuwelijk lelijk vond. Van buitenaf is het huis misschien moeilijk te begrijpen, zeker als je het vergelijkt met de wit geschilderde huizen en hun kleine raampjes in de omgeving die 's avonds aan de buitenkant worden verlicht. Die witte dozen in het landschap vindt men blijkbaar niet storend. Als mensen bij ons binnenkomen, dan zijn ze heel erg onder de indruk van de rust, de ruimtelijkheid en het uitzicht. Ik heb een psychiatrische inrichting gebouwd die een kopie is van ons huis. Nu blijkt dat sinds de bewoners daar wonen, ze veel minder vaak in de separeercel worden gezet of agressie vertonen.

Ik heb me laten inspireren door zwerfkeien en bunkers zoals ze in de natuur verspreid op het land liggen en begroeid zijn met mos. Ook ben ik naar België gegaan om het huis van de architect Juliaan Lampens te bekijken. Net als het onze is zijn huis gemaakt van beton en glas en na al die jaren mossig geworden. Uiteindelijk slaat ook hier de buitenkant groenig uit, en zal het meer en meer deel van de omgeving worden. Nu al komen er dieren op af. **Het huis is een gast in het landschap, en het gedraagt zich als een kameleon.**

Our youngest son – five years old, a late arrival – said to me recently: 'Daddy, our house is really a work of art, and we live in it.' He was right about that. And as is often the case with works of art, it's controversial. But **I hadn't expected that our house would provoke such angry reactions**. I realised it for the first time when I was out walking my dog, and a jogger shouted out that he thought it was a horrible ugly house. It might be that it is difficult to appreciate the house from the outside, especially if you compare it with the other houses in the neighbourhood, with their white walls and small windows, lit from the outside in the evening. People apparently aren't offended by these white boxes in the landscape. If people come inside our house, they are deeply impressed by the sense of peace, the spaciousness and the view. I built a psychiatric institution which was a precise copy of our house. Since moving there, the residents apparently don't need to be put into isolation cells so often, and they are less aggressive.

My inspiration comes from stray boulders and bunkers deposited in the landscape and overgrown with moss. I once travelled to Belgium to look at the house built by the architect Juliaan Lampens. His house, like our own, is constructed from concrete and glass and has over the years become overgrown with moss. In time, the exterior of our house will also be covered with greenery, so it will gradually become part of the environment. We already get animals that are drawn to the house. **It is a guest in the landscape, and it behaves like a chameleon.**

Mijn vrouw vond een kavel in de Middelpolder vlak onder Amsterdam, nabij de Amstel en de Zuidas. We kochten het en braken de boel af die erop stond. Volgens het bestemmingsplan moest het ontwerp voldoen aan strikte afmetingen én een schuin dak hebben. Die restricties hebben me naar een hoger creatief plan gebracht. Als ik vrij had mogen ontwerpen, was het een ander huis geworden. Mijn favoriet type huis heeft een binnenplaats, maar dat zou met dit uitzicht zonde zijn. Het huis raakt aan de smalste zijde de grond. **Het is min of meer omgekeerd gebouwd: we leven boven, we slapen op de begane grond**, terwijl de kelder de functie van zolder heeft met daarin een home cinema, een speelkamer, de werkkamer van mijn vrouw en een enorme kastenwand van 19 meter lang. Onze oudste twee kinderen hebben op de begane grond hun eigen ingang. In de centraal gelegen badkamer kan er een wand worden dichtgeschoven, zodat iedereen zijn eigen privacy en sanitair heeft. De slaapkamers van de pubers lijken voortdurend op slagvelden, dus daar kom ik bij voorkeur niet. Niemand heeft mij ooit gewaarschuwd voor pubers.

Eigenlijk heb ik het huis voor mijn vrouw gebouwd. Omdat ze heel goed en vaak kookt, heb ik de keuken midden in het huis geplaatst waarbij ze in een rechte lijn uitzicht heeft op de weg. Er komen gelukkig heel vaak mensen over de vloer zodat het huis intensief wordt gebruikt. De ene kant van het huis is een soort entertainmentruimte met mijn cocktailbar en vleugel. Er staat ook een heel mooie Glove chair, genaamd Joe. Ik houd immers heel erg veel van sixties design. Aan de andere kant van de keuken is een open haard waar je wat meer privé kan zitten. Want dat moet gezegd: de prijs die we betalen voor al dat schitterende uitzicht, is een gebrek aan privacy.

Het is een enorm voorrecht op deze plek te mogen wonen, zeker in een tijd waarin natuur steeds belangrijker is geworden. Boven wonen met de schuine glazen wand heeft het voordeel dat je tussen de weilanden zit en je het weer constant ziet veranderen. De zon, mist, regen, hagelbuien: elk seizoen heeft z'n charme. In de winter ligt het huis als een object op het witte laken van sneeuw en rijp. Dat is betoverend mooi. Soms laten we in de slaapkamer de gordijnen wel eens open. Je ziet de maan, je ligt tegen de besneeuwde grond aan. **Voor je gevoel ben je buiten, maar met het comfort van binnenshuis te zijn.**

My wife found a plot of ground in the Middelpolder, just south of Amsterdam, near the Amstel and the Zuidas district. We bought it and tore down the shack which stood there. Under the local planning regulations, the design has to comply with strict guidelines concerning its measurements and it has to have a sloping roof. These restrictions forced me to come up with a very creative plan. If I had been free to design what I wanted, it would have been a different house. My favourite type of house has an inner courtyard, but that would have a waste given the view here. The house is at its narrowest at ground level. **It is more or less built upside down: we live on the top floor and sleep on the ground floor**, while the basement serves as the attic. We have a home cinema down there, a play room, my wife's office and an enormous 19m long built-in cupboard. Our two oldest children have their own entrance on the ground floor. The bathroom is situated in the middle of the house, with a sliding wall that can be closed so that everyone has privacy. The teenagers' bedrooms look like a permanent battlefield, so I try not to go in there. Nobody ever warned me about teenagers.

This house was in fact built for my wife. She is a good cook and likes to cook, so I put the kitchen in the middle of the house where she had a clear view of the street. Fortunately, a lot of people visit the house, so it gets a lot of use. One side of the house serves as a sort of entertainment area, with my cocktail bar and grand piano. There is also a really beautiful Glove Chair called Joe. I really love design from the Sixties. On the other side of the kitchen, there is an open fireplace where you can sit with more privacy. For it has to be said that we pay a price for that beautiful view – it means that we don't have any privacy.

It's a huge privilege to be allowed to live in this place, particularly at a time when nature is becoming more important. By virtue of living upstairs with sloping glass walls, we can enjoy sitting in the middle of the meadows watching the weather constantly changing. We get sun, mist, rain, hail storms: each season has its own charm. In the winter, the house sits like an object on a white blanket of snow. It is magical. Sometimes we leave the curtains open in the bedroom. You can see the moon, you are lying on the snow-covered ground. **You are outdoors in terms of sensations, but indoors in terms of comfort.**

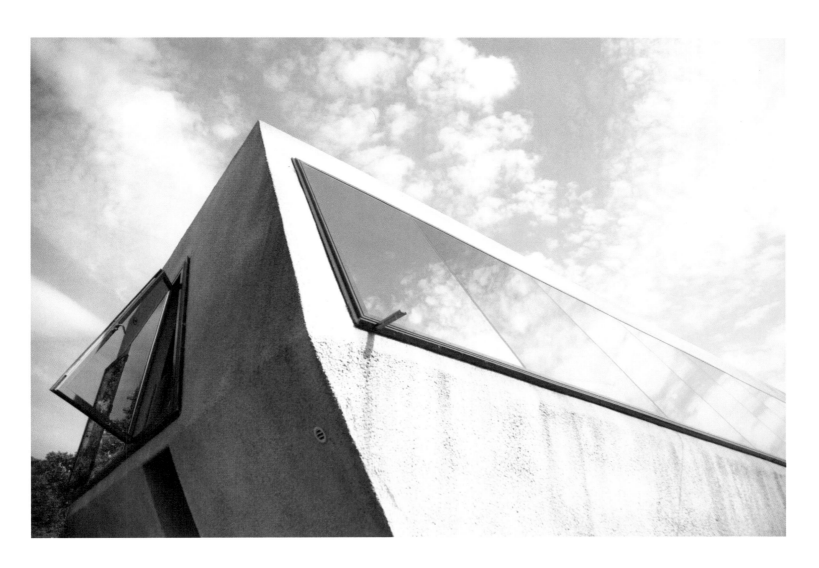

Het huis raakt aan de smalste zijde de grond. Het is min of meer omgekeerd gebouwd: we leven boven, we slapen op de begane grond.

The house is at its narrowest at ground level. It is more or less built upside down: we live on the top floor and sleep on the ground floor, while the basement serves as the attic.

Don Murhpy, °1965
VMX Architects

BIOGRAFIE

1989	diploma Southbank University, Londen
1991	diploma Berlage instituut, Amsterdam
1995	oprichting VMX architects
	lid van verschillende jury's
	docent aan verschillende universiteiten en academies
2008-...	supervisor Urban Planning Slotervaart, Amsterdam
2012-...	gastprofessor aan de University of Seoul, Zuid Korea

PROJECTEN – EEN SELECTIE

Fietsflat, Amsterdam
Woonproject, ijburg23, Amsterdam
Gezondheidscentrum, Eikenboom, Zeist
School, IJburg, Amsterdam
VIP terminal, Schiphol Amsterdam
School, Aalter, België

Don Murphy, born 1965
VMX Architects

BIOGRAPHY

1989	diploma at Southbank University, London
1991	diploma at the Berlage Institute, Amsterdam
1995	founder VMX Architects
	judges several awards
	lecturer and teacher at several universities and academies
2008-...	supervisor Urban Planning, Slotervaart, Amsterdam
2012-...	visiting Professor, University of Seoul, South Korea

PROJECTS – A SELECTION

Bicycle Storage, Amsterdam
Housing, IJburg 23, Amsterdam
Healthcare centre, Eikenboom, Zeist
School, IJburg, Amsterdam
VIP terminal, Schiphol airport, Amsterdam
School, Aalter, Belgium

GUNNAR DAAN

'My home is my castle' geldt ook voor mij. Ik benader de grote wereld vanaf deze terp, die met een gracht omringd is. In 1975 kochten we Donia Sathe, een monumentale kop-hals-romp-boerderij in Noord-Friesland omdat wij er toekomst in zagen. Voordien woonde ik met mijn vrouw, vier kinderen, hond en kat op een drijvend erf van schepen en vlotten tussen de rietkragen op de Hollandse IJssel. Het werd ons te krap en we werden verdrongen door de stadsuitbreiding. Ik was werkloos. Het waren slechte tijden in de bouw toen en geld voor meer ruimte in die omgeving was er niet. Maar in Leeuwarden kon ik parttime aan de slag als leraar aan de HTS en er waren een paar opdrachten. Er bleef ruim tijd over om, ook met vrienden en familie, aan dit huis te timmeren.

Wonen is meer dan zitten, eten en slapen. Mijn bureau was hier gevestigd, opgroeiende kinderen vragen eigen ruimte. Ik heb een werkplaats nodig, stalruimte voor een paard en de bijschuur of *'lytshûs'* voor het pluimvee, een kasje bij de moestuin, een speelhut, en erfruimte voor weiden, bos en fruitbomen. Steeds meer ruimte vraagt ook de geschiedenis die hier neerdaalt in de vorm van kunst, gevonden voorwerpen, curiosa. Ik ben geen collectioneur maar wel gehecht aan de vele dingen van betekenis die hier een plek kunnen vinden. De boerderij meet 700 m² plus de zolders, met nog eens 300 m² in de vijf bijgebouwen, alles op een hectare terpgrond. Een weide met dobbe en een bosje huren we erbij. Het relatief kleine woonoppervlak van de vroegere boeren, de hals, kon met een reeks verbouwingen langzamerhand vertienvoudigd worden.

'My home is my castle' is something you could say about me. I survey the wide world from this hillock, which is surrounded by a canal. In 1975, we bought Donia Sathe, a massive farmhouse in North Friesland built in the kop-hals-romp (literally 'head-neck-body') style of the region because we saw that it had potential. Before that, I lived with my wife, four children, dog and cat in a floating community of boats and rafts moored among the reed banks of the Hollandse IJssel. It was too cramped for us and we were threatened by urban expansion. I was unemployed. It was tough in the construction industry at the time and we didn't have any money to buy a bigger place in the area. But I was able to get a part-time job teaching at a technical college in Leeuwarden and I picked up a couple of commissions. I had enough time left over to work on this house, with friends and family too.

Living is more than sitting, eating and sleeping. My office was here, and our children needed their own rooms as they grew older. I needed a studio, stables for a horse, a chicken coop or *lytshûs* for poultry, a greenhouse next to the vegetable garden, a playhouse, and land for meadows, woods and fruit trees. More and more space was also needed for the history that accumulated in the form of art, found objects and curiosities. The farm measures 700 square metres, plus the attics and then another 300 square metres in the five outbuildings, all confined to one hectare of raised hillock. In addition, we rent a meadow with a pond and an area of woodland. The relatively small living space in the original farm, the 'neck', could gradually be extended with a series of conversions to create a space ten times as large.

Leidraad bij de verbouwing was het monument. De ruggengraat ervan is de as die in rechte lijn van koestaldeur naar de haardschouw loopt. Daaromheen beweegt zich een avontuurlijke looplijn door ruimten die hun eigen verhaal vertellen uit eigen en vroegere tijden. We slapen in de kop, ooit de mooie ontvangstkamer, wonen in de hals en opkamer, koken en eten waar vroeger de karnkeuken was. In wat ooit het lijkkamertje was, is de douche gemaakt en werd met een gevonden partij marmer en toevallig beschikbaar sanitair ingericht. Dat is eigenlijk aan een revisie toe, maar daarmee verspeel je kapitaal en geschiedenis. **Veel van het interieur is geërfd, gekregen, gevonden, of eigen product.** De Thonetstoelen komen uit een café waar ze aan plastic toe waren. De bank is zelf gebouwd, bedacht vanuit een gegeven plaat limba met lederen kussens uit de sociale werkplaats in Dokkum. De zelfgemaakte kinderstoelen zijn nog uit de woonschiptijd. Alleen de lampen werden gekocht.

Het bureau was gevestigd in twee door mij verbonden bijgebouwen, die nu, na de verhuizing van de medewerkers naar een voormalige maalderij, een gastatelier vormen. Het is er ruim, licht en heeft een weids uitzicht, waar kunstenaars, schrijvers, componisten een tijd kunnen werken/wonen. In de koestal is de studio gebouwd, eigenlijk een nieuw gebouw onder de historische rietkap. De complexe constructie van zo'n Hollandse stal leende zich niet voor mijn ruimtewens. Er is een gebogen staalconstructie onder de kap gebouwd met gewelfde triplex plafonds. **Herkenbare materialen hebben altijd mijn voorkeur.** De dorpssmid maakte het grote hydraulische klepraam. Vakwerk! Overdag, in het licht van dit raam, uitziend over het kwelderlandschap, zijn wij meestal hier te vinden.

In mijn ontwerpwerk ga ik uit van wat de omgeving aanreikt. En wat ik maak, begint vaak bij een toevallig beschikbaar voorwerp of materiaal. Ik ben geen stijlzuiver architect die autonoom een opdracht benadert. Ik maak werk met werk. **Palladio's villa's inspireerden mij altijd het meest,** door hun openheid en verbinding met het landschap, en misschien ook doordat ik in zo'n palazzo ben opgegroeid.

The monument was the one element holding the conversion together. The backbone was formed by the axis that ran in a straight line from the door of the cowshed to the fireplace. On either side of this, runs an adventurous line through different spaces that each have their own story to tell from present and past times. We sleep in the room at the 'head' – originally the elegant parlour where guests were received – live in the 'neck' and upstairs room, and cook and eat our meals in the room where the butter churn used to stand. We installed a shower in the room that was once the laying-out room and created a bathroom using marble we stumbled across and some sanitary ware that happened to be available. It could now do with renovation, but that would be a waste of capital and history. **A lot of the interior is inherited, gifted, found or made by ourselves.** The Thonet chairs come from a café where they switched to plastic chairs. We created the couch, starting with a board of limba and some leather cushions we found in a community workshop in Dokkum. The home-made children's chairs date from the houseboat period. The lamps were the only objects we bought.

The office was created by linking together two outbuildings. Now that our co-workers have moved to a former mill, this has become a guest studio. Writers, artists and composers can live and work here, in a studio that offers space, light and a view of open countryside. The studio occupies the cowshed; it is actually a new building created under the original thatched roof. The complex construction of the old Dutch cowshed did not fit with my need for space. A curved steel construction has been added under the roof with vaulted triplex roofs. **I always prefer to use familiar materials.** The village blacksmith made the large hydraulic hinged window. Craftsmanship! During the day, you can usually find us here, sitting in the light that comes through this window, looking out across the mud flats.

In my designs, I begin with what comes to me from the environment. And when it comes to the objects I create, the starting point is often an object or some material that I come across by chance. As an architect, I am not a purist who approaches each commission from my own perspective. I make work with work. **I have always derived the greatest inspiration from Palladio's villas** because of their openness and connection with the landscape. This is possibly also because I grew up in such a palazzo.

De Rietveld kratstoelen timmerden we zelf.

We built the Rietveld 'crate chair' ourselves..

Gunnar Daan, °1939
GDArchitecten

BIOGRAFIE

1957-1965	diploma bouwkunde, TU Delft
1969-1972	medewerkend architect bij K.L. Sijmons Amsterdam
1972-1995	docent aan de HTS Leeuwarden, AVB Groningen en Amsterdam, Tilburg, Arnhem, hoogleraar aan de TU Delft constructieve integratie
1990-1996	lid commissie bouwkunst, FBK Amsterdam
1992-1996	bestuurslid Stimuleringsfonds bouwkunst
1994-1996	bestuurslid Groninger Museum
1997-2012	coördinerend architect stadshart Alphen a/d Rijn
1998-2012	vestingarchitect Hellevoetsluis

PROJECTEN – EEN SELECTIE

Fries Museum, Leeuwarden
Marinemuseum, Den Helder
Museum De Fundatie, Heino, Zwolle
Crystalic, Leeuwarden
Galerie de Boer-Waalkens (i.s.m. Thon Karelse), Finsterwolde
ARK, drijvend architectuurcentrum Fryslân
Stadsmarkering, Groningen

Gunnar Daan, born 1939
GDArchitecten

BIOGRAPHY

1957-1965	diploma architecture at Delft University of Technology
1969-1972	assistant architect at K.L. Sijmons, Amsterdam
1972-1995	lecturer at HTS Leeuwarden, AVB Groningen, and in Amsterdam, Tilburg, Arnhem, Rotterdam and Maastricht, Professor at Delft University of Technology
1990-1996	member of the architecture committee, foundation for Visual Arts and Architecture, Amsterdam
1992-1996	committee member, Incentive Fund for Architecture
1994-1996	committee member, Groningen Museum
1997-2012	co-ordinating architect, urban core, Alphen a/d Rijn
1998-2012	military architect, Hellevoetsluis

PROJECTS – A SELECTION

Fries Museum, Leeuwarden
Marine Museum, Den Helder
Museum De Fundatie, Heino, Zwolle
Crystalic, Leeuwarden
Galerie de Boer-Waalkens (with Thon Karelse), Finsterwolde
ARK, floating architecture centre Fryslân
City boundary markers, Groningen

DANIEL HÖWEKAMP

Ons bovenhuis in Amsterdam-West is gebouwd rond 1900, en ik vind het mooi om deel uit te maken van een verhaal dat al zo oud is. **Het is alsof ik deze 'jas' nu wel aan heb, maar dat hij maar tijdelijk van mij is**. Eerst vonden mijn vriendin en ik het best eng om in ons eigen ontwerp te gaan wonen, maar uiteindelijk geeft het nu een goed gevoel om te wonen in een deels met eigen handen gebouwde ruimte. We hebben het biologisch en modern verbouwd, uiteraard met herstel van de historische details, waarbij we ons lieten leiden door energiezuinigheid, grondstofgebruik en een gezond binnenklimaat. Tijdens mijn jeugd in Duitsland leerde ik dat groen en natuur bij het dagelijkse leven horen. Dus niet als iets wat aan mode onderhevig is. Het was de tijd van de oprichting van de *Grünen* en ik was als kind al een enthousiaste aanhanger van de acties van Greenpeace.

Op het dak staat een zonneboiler, en de wc spoelt door met hemelwater. **Een grote koepel zorgt ervoor dat het heel licht is in huis en bevordert een goed humeur**. Het dak is geïsoleerd met cellulose, op de muur zitten platen van houtvezel en laagtemperatuur wandverwarming. Het geheel is afgewerkt met een witte leemlaag die de warmte goed vasthoudt. De ontstane stralingswarmte maakt het binnenklimaat heel aangenaam en stofvrij. 'Urban Bio Logic', het credo van aayu architecten (mijn bureau samen met Luigi Pucciano) komt ook tot uiting in de buitenruimtes. Over de helft van het dak is er een bak van 10 cm diep met daarin allerlei grassen, en verder staat de daktuin vol bamboe, tijm en rozemarijn.

Our upstairs apartment in Amsterdam West was built around 1900; I like the idea that we are part of a story that is so old. **It's as if I have this coat that I am wearing now, but that it is only mine for a certain time**. In the beginning, my girlfriend and I didn't like the idea of living in a house we had designed ourselves, but in fact it feels good to be living in a space that you have to some extent built with your own hands. We rebuilt it in a modern, biological style, but of course restoring historical details, and basing our approach on achieving energy efficiency, optimising the use of raw materials and creating a healthy indoor climate. I grew up in Germany with the idea that green spaces and nature are essential elements of everyday life, not susceptible to the whims of fashion. The *Grünen* movement was just beginning at the time and I was a keen supporter of Greenpeace campaigns as a child.

We have a solar boiler on the roof while the toilet is flushed using rainwater. **A large skylight ensures that the house is filled with light, which is good for your mood**. The roof is insulated with cellulose, the walls are covered with wood-fibre panels and the rooms use low-temperature wall heating. Everything is finished off with a layer of white clay plaster which is good at retaining heat. The radiated heat produced in this way makes the interior very comfortable and dust-free. The principle of Urban Bio Logic — the motto of aayu architects (made up of my firm and that of Luigi Pucciano) — is also achieved in the exterior spaces. One half of the roof is covered with a 10 cm deep container which is used for growing various types of grass, while the roof garden is planted with bamboo, thyme and rosemary.

We moeten de natuur de stad binnenhalen, en biologisch bouwen ook werkelijk in ons systeem laten settelen, zodat het niet iets blijft als een overwaaiend modeverschijnsel. Onze ontwerpen gaan altijd uit van biocyclische materialen, van hout dat afkomstig is uit lokale bossen, van zonne-energie en natuurlijke afwerkingen zoals verf op basis van lijnzaadolie. We hebben in deze woning gewerkt met herbruikbare materialen, en de inrichting vooral rustig gehouden waardoor de ruimtes multifunctioneel zijn. Bovendien leidt overdaad tot ballast en dat geeft mij een onvrij gevoel. We hebben een paar volle kasten waarin onze 'actieve' spullen staan, zoals de kampeeruitzet, veel gereedschap en onze surfspullen. Sinds kort ben ik gediplomeerd imker, dus spullen voor de bijen moeten ook worden opgeborgen. Ik heb een vakantiegevoel in mijn eigen huis, zeker als ik de hangmat ophang in de keuken.

Voor mij hoeven design-meubels niet, ook houd ik van de eenvoud van sommige Alvar Aalto-stoelen en andere Scandinavische ontwerpen. **Wat mij betreft moeten meubels niet te dominant zijn**. Het mooie vind ik de lichte grenen vloer die kraakt en leeft, en overgaat in de keukenkastjes die van hetzelfde materiaal zijn gemaakt. Een huis moet zijn als een mens. Als je met iemand samenleeft, moet je beiden flexibel zijn, ook al heb je een sterk karakter. Ik zoek graag die balans. Met het huis is veel dankbaarheid verbonden, aangezien mijn vriendin en ik het hebben kunnen kopen dankzij mijn grootouders.

Ik geloof in de kringloop van het leven, wat ook de basis is van de *cradle to cradle* gedachte. Op dit moment is 'duurzaamheid' hot en leggen de meeste mensen er zich uit economische overwegingen noodgedwongen bij neer zonder dat het echt van harte komt. Alleen gaat duurzaamheid niet over een paar zonnepanelen, maar over **harmonie tussen mens en wereld**. Om met de Zwitserse architect Peter Zumthor te spreken: 'goede architectuur neemt de mens op, laat hem beleven en wonen, en verkoopt hem geen praatjes.'

We need to bring nature into the city, and ensure that biological building is embedded in our system, so it isn't just a passing fashion. Our designs are always based on materials that are part of the ecological cycle – such as wood grown in local forests, solar energy and natural coatings like paints based on linseed oil.
We used recyclable materials in the house, and we kept the furnishings basic so that the spaces could be multifunctional. And too much can be a burden, which gives me a sense of being trapped. We have a couple of cupboards full of our 'active' possessions, including our camping equipment, a big collection of tools and our surfing gear. I recently qualified as a bee-keeper, which means I have to find a place to store my bee-keeping equipment. I have the feeling that I am on holiday in my own house, particularly when I hang up the hammock in the kitchen.

I don't need to buy designer furniture, though I appreciate the simplicity of some Alvar Aalto chairs, as well as other Scandinavian designs. **As far as I'm concerned, furniture should not be too dominant**. What is beautiful for me is the pale pine floor which conveys energy and life, and which is carried over in the kitchen cupboards which are made of the same material. A house has to be like a person. If you live with someone, you have to be flexible, even if you have a strong personality. I am keen to find a balance. I have a sense of gratitude linked to the house, because my girlfriend and I were able to buy it thanks to a gift from my grandparents.

I believe in the cycle of life, which is also the basis for the 'cradle to cradle' principle. The concept of 'sustainability' is hot at the moment and most people adopt it because they are forced to do so by economic pressures, without necessarily believing in it. But sustainability is about more than installing a couple of solar panels on the roof; it is about **harmony between human beings and the world**. To quote the Swiss architect Peter Zumthor: 'good architecture embraces people, allows them to live their lives, and speaks to them plainly.'

Over de helft van het dak is een bak van 10 cm diepte met daarin allerlei grassen, en verder staat de daktuin vol bamboe, tijm en rozemarijn. We moeten de natuur de stad inhalen.

One half of the roof is covered with a 10 cm deep container which is used for growing various types of grass, while the roof garden is planted with bamboo, thyme and rosemary. We need to bring nature into the city.

Daniel Höwekamp, °1977
aayu architecten

BIOGRAFIE

1995-2002	studies architectuur/stedenbouwkunde RWTH Aken, Duitsland/EAP Bordeaux, Frankrijk
1999	Duncan Lewis architectes, Angers, Frankrijk
2000-2003	Veauthier Architekten/Anderhalten Architekten, Berlijn, Duitsland
2003-2006	Group A, Rotterdam
2003-2006	vrijwilligerswerk in Rusland, India en Frankrijk
2005-2006	studies bouwbiologie IBN
2007	architect bij Arons en Gelauff, Amsterdam
2008	gastdocent, TU Delft
2008	oprichting aayu architecten, Amsterdam

PROJECTEN – EEN SELECTIE

Da Vincischool, Amsterdam
Family Fitness Club, Langenfeld, Duitsland
Woning DK31, Amsterdam
Dak1, Amsterdam
Kham School, Tibet
BHouse, verschillende locaties, Nederland en Duitsland

Daniel Höwekamp, born 1977
aayu architecten

BIOGRAPHY

1995-2002	Studies architecture and urban planning, RWTH Aachen, Germany; EAP Bordeaux, France
1999	Duncan Lewis architectes, Angers, France
2000-2003	Veauthier Arch. and Anderhalten Arch., Berlin, Germany
2003-2006	Group A, Rotterdam
2003-2006	Voluntary work in Russia, India and France
2005-2006	Studies building biology, IBN
2007	Arons en Gelauff, Amsterdam
2008	Guest lecturer, Delft University of Technology
2008	founder office aayu architects, Amsterdam

PROJECTS – A SELECTION

Da Vinci School, Amsterdam
Family Fitness Club, Langenfeld, Germany
DK31 House, Amsterdam
Dak1, Amsterdam
Kham School, Tibet
BHouse, various locations, The Netherlands and Germany

MAARTEN MIN

Op een ochtend keken we vanuit ons bed naar buiten en zagen een kudde wilde paarden onder het raam. We waren erdoor ontroerd. We wonen al 25 jaar op deze plek, maar we hadden zoiets nog niet eerder gezien. Of beter gezegd: kunnen zien, want voordat we dit nieuwe huis bouwden, woonden we eerst in een bungalow. We klommen ooit op de schoorsteen van dat huis, en zagen toen pas welk uitzicht er daarboven was. We besloten om in het nieuwe huis boven te gaan wonen en te slapen, met uitzicht over de zee en de duinen. **Nu worden we gewekt met de opkomende zon**, en zien we de trekvogels overvliegen.

Voor onze ontwerpen vinden we het belangrijk dat **vormgeving en materiaalkeuze van het object aansluiten bij het gebied waar het gaat staan**. De plek van ons huis is hoog gelegen op een duin, grenzend aan het duinwaterleidinggebied. Gedurende het ontwerpproces ontstond de vorm van een duin. Als je naar buiten kijkt, zie je dat de struiken door de wind zijn afgeschoren. Het huis is net als de struiken ook in een oplopende vorm op de wind gebouwd. Verder hadden we te maken met het bestemmingsplan. Een stads huisje met rode daken vonden wij niet passen, ook al zijn er hier in de omgeving genoeg van gebouwd. Ons huis lijkt een stenen duin waar de wind als een gesel tegenaan waait.

We were lying in bed one morning when we looked outside and saw a herd of wild horses under our window. We were moved by the experience. We have been living here now for 25 years, but this was the first time we had seen anything like that. It might be more correct to say that this was the first time we could have seen anything like that, because before we built this new house, we were living in a bungalow. We once climbed the chimney of the old house, and saw for the first time the view from above. We decided that we would live and sleep upstairs in the new house, to be able to enjoy the view of sea and dunes. **We now get wakened in the morning by the rising sun,** and we can see migrating birds flying overhead.

In our design, we decided it was important for **the style and materials used to connect with the area where the house was going to be built**. The house stands on a raised location in the dunes, on the edge of a protected dune water catchment area. During the design process, the house took the shape of a dune. If you look outside, you can see that the bushes have been sculpted by the wind. Like them, the house bends to the wind. We also had to deal with the local planning regulations. We didn't think it was appropriate to build an urban house with a red tiled roof, even though there are plenty of those around. Our house looks like a stone dune which has been lashed by the wind.

We hebben heel veel tijd gestoken in het vinden van passende materialen voor de buitenzijde. **Omdat het huis 300 meter van zee ligt, kozen we voor natuurlijke, duurzame en onderhoudsarme materialen**. Voor de schuine gevel- en dakbekleding zochten we iets dat zou passen in de ruige, romantische omgeving. Uiteindelijk hebben we in samenspraak met de fantastische Deense fabriek Petersen Tegl een lange keramische vlakke pan ontwikkeld van 53 cm lang, 17 cm hoog en 4 cm dik. De bruinpaarse gemêleerde klei met de ruwe afwerking komt uit Engeland en past bij de schors van de omringende sparren. Het ontwikkelingsproces heeft 1,5 jaar geduurd, want we zijn lastig voor ze geweest, maar de dakpan is nu wel als product opgenomen in hun collectie. Door te bouwen in eigen beheer, hebben we steeds partijen gezocht die het beste de verschillende onderdelen konden uitvoeren. Zo zijn de balken - verlijmde en getordeerde spanten- ook door echte vaklui gemaakt, terwijl de Douglas-sparren met de hand zijn gerooid, ook weer door het enige bedrijf in Nederland dat zoiets doet.

De nokhoogte is 12,5 meter, zodat we drie hoge verdiepingen konden realiseren. Op de begane grond bevinden zich opslag, atelier, badruimte, bibliotheek, werk- en vergaderruimte. Op de eerste verdieping is het slaap- en eetgedeelte. Op de tweede verdieping wordt vooral gewoond en gewerkt. Er staat onder andere een televisie, en we kunnen dankzij een smal liggend raam naar zee kijken zonder dat het uitzicht wordt bedorven door een flat uit de jaren zestig.

We hebben bewust gewacht met het bouwen van ons eigen huis om beter te weten wat we willen. Voor jezelf bouwen is een totaal ander proces dan voor een opdrachtgever. We hebben ons de rust en tijd gegund om tot het optimale te komen. We noemen het dan ook *slow architecture*. Het gebouw wordt iets dat jou gaat dicteren wat er moet gebeuren. Zo hebben we nog geen keuken, omdat ik nog niet precies weet hoe ik het wil. Hetzelfde gold voor ons bed. In het begin sliepen we op een matras op de grond om te voelen waar het bed definitief moest komen. Uiteindelijk is het bed ingekapseld in een lage kast en een bureau, zodat we toch een holletje hebben.

We invested a huge amount of time in looking for suitable material for the exterior. **Since the house stands 300 metres from the sea, we opted for natural, hard-wearing and low-maintenance materials**. To cover the sloping facade and roof, we looked for something that would fit with the windswept, romantic setting. Finally, we worked together with the fantastic Danish factory Petersen Tegl to develop a long ceramic flat tile which was 53 cm long, 17 cm wide and 4 cm thick. We used a purplish-brown mixed clay with a rough finish which comes from England and matches the bark of the pine trees growing around the house. It took us one and a half years to develop the roof tile, because we were demanding customers, but the tile has now become part of the Petersen product range. We are our own bosses and have always looked for the best partners to produce the various elements. The beams – laminated arch rafters – were made by real craftsmen, while the Douglas fir rafters, which were cut by hand, were provided by the only firm in the Netherlands that can do that sort of work.

The ridge height is 12.5 metres, which meant that we could build three floors. On the ground floor, we have storage space, a workshop, bathroom, library, studio and meeting room. The bedrooms and eating area are on the first floor, while the second floor is devoted to living and working space. Among other things, we have a television, and we have a narrow horizontal window that allows us to look at the sea without the view being spoiled by a block of flats from the Sixties.

We deliberately waited before building our house until we had a better idea of what we wanted. Building something for yourself is a completely different process from building for a client. We gave ourselves time and peace to reach the ideal solution. We call this slow architecture. The building becomes something that will tell you how it has to be. That means that we still don't have a kitchen, since I don't know exactly how I want it. The same goes for our bed. In the beginning, we slept on a mattress on the floor to get a feeling for where the bed should finally be placed. In the end, we built it into a low cupboard and a desk, so that we have our own little nest.

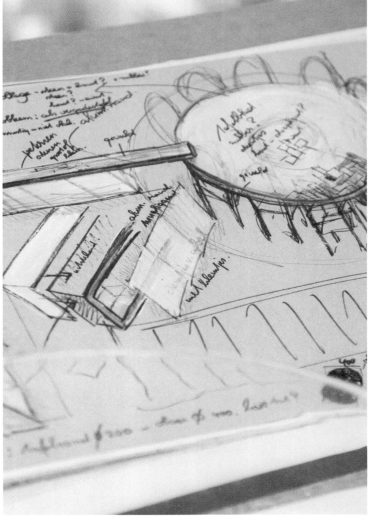

Voor jezelf bouwen is een totaal ander proces dan voor een opdrachtgever. We hebben ons de rust en tijd gegund om tot het optimale te komen.

Building something for yourself is a completely different process from building for a client. We gave ourselves time and peace to reach the ideal solution.

Maarten Min, °1951

Min2 bouw-kunst i.s.m. Jetty Min-Kauffmann, beeldend kunstenaar

BIOGRAFIE

1976	diploma architectuur, TU Delft
1985	Biënnale Jonge Architecten in de Beurs van Berlage, Amsterdam
1997	Tentoonstelling werk Min2, De tijdelijke ordening van alles, Stedelijk Museum Gorcum
2001	Expo 2001, Het wilde wonen, Almere
2009	25 jaar Min2 bouw-kunst, tentoonstelling bij opening eigen woonhuis, Bergen aan Zee
2009	uitgave stripboek: *Een autobiografie, 50 lessen voor jonge architecten*
2009	diverse gastdocentschappen en colleges, o.a. Academie van Amsterdam en Arnhem, TU Delft, HTS Alkmaar

PROJECTEN – EEN SELECTIE

De witte Wal, 180 woningen/Heijmans , Kattebroek, Amersfoort.
De nieuwe Wallen, 1000 woningen/VOF Oosterlinge, Gorcum
De Hoep, bezoekerscentrum/PWN waterleidingbedrijf Noord Holland, Castricum
25 Loftwoningen, Te Pas Bouw, Almere Buiten
Eigen woning, Arie Keppler prijs, Bergen aan Zee

Maarten Min, born 1951

Min2 bouw-kunst with Jetty Min-Kauffmann, artist

BIOGRAPHY

1976	diploma architecture, Delft University of Technology
1985	Biennial Young Architects, at the Beurs van Berlage, Amsterdam
1997	exhibition of work by Min2, 'An interim universal classification', Gorcum Municipal Museum
2001	Expo 2001, Het Wilde Wonen (Wild Housing), Almere
2009	25 years of Min2 bouw-kunst, exhibition at the opening of the architects' own house, Bergen aan Zee
2009	publishes comic book: *Een autobiografie, 50 lessen voor jonge architecten* (An autobiography, 50 lessons for young architects)
2009	various guest teaching assignments and lectures, including Amsterdam and Arnhem Academies, Delft University of Technology, HTS Alkmaar

PROJECTS – A SELECTION

De Witte Wal, 180 houses, Heijmans, Kattebroek, Amersfoort
De Nieuwe Wallen, 1,000 houses, VOF Oosterlinge, Gorcum
De Hoep, visitors' centre, PWN waterworks, Noord Holland, Castricum
25 Loft Houses, Te Pas Bouw, Almere Buiten
Architects' own house, Arie Keppler prize, Bergen aan Zee

FELIX
CLAUS

De essentie van dit huis is dat je in Amsterdam bent, maar toch buiten. Het is echt heerlijk hier, zo ruimtelijk. Bij helder weer zie je aan de andere kant van het IJmeer Enkhuizen liggen, in de zomer trekt het een heel gevarieerd publiek en is er een zeilschool. Ik heb heel lang in het centrum van de stad gewoond, wat over het algemeen neerkomt op leven tussen twee wanden in een pijpenla. De abstractie van dit huis ervaar ik als extreem ontspannen. Ik kan me er heel goed concentreren en nadenken. Als architect kun je wel de hele dag tekenen, maar je moet ook broeden, en dan opeens - pàf! - schiet het idee je te binnen. En dat heeft met concentratie te maken. Dit huis is er uitermate geschikt voor. Het is de eerste keer dat ik in mijn eigen ontwerp woon.

Mijn schoonvader vroeg ooit bij het betreden van mijn huis welk bedrijf er was gevestigd. Dat het zo leeg is, komt voort uit mijn aversie tegen rommel, ik kan er niet tegen. **Het lekkerste vind ik weggooien.** Toen mijn moeder overleed, heb ik maar één ding bewaard. Het plaatje dat ik ooit als kind prikte en inkleurde, staat in de glazen kast in de keuken. Verder staan er naast heel veel kookboeken allerlei andere tastbare herinneringen in. Fotoboeken bewaar ik gescand op een harde schijf. Muziek is heel belangrijk voor me en staat op een iPod. Het neemt dus allemaal geen ruimte in. Beeldbepalend in dit huis is de lange kastenwand met mijn verzameling boeken over architectuur. Ik bewaar deze unieke collectie achter glas, want ik ben allergisch voor stof.

The essence of this house is that you are in Amsterdam, and yet outside. It is really wonderful here, so much space. On a clear day, you can see the town of Enkhuizen on the other side of the IJmeer. You get all sorts of people here in the summer and there's also a sailing school. I lived for a long time in the centre of the city, which generally means living between two walls in a long narrow box. I find the abstract design of this house extremely relaxing. It really allows me to concentrate and think about things. As an architect, you can easily spend the whole day drawing, but you also have to take time to reflect, and then suddenly – eureka! – inspiration strikes. And that has to do with concentration. This house is perfectly suited for that. It is the first time that I have lived in my own design.

My father-in-law once came into the house and asked me what company was based here. It is very empty; that's because I have an aversion to mess, I really can't stand it. **I really enjoy throwing things away.** When my mother died, I only kept one thing. It was a picture that I had pricked out and coloured as a child; it now sits in the glass cabinet in the kitchen. The shelves also hold a large number of cookbooks as well as other tangible mementoes. I have scanned my photo albums and saved them on a hard disk. Music, which is very important to me, is saved on an iPod. So nothing takes up any space. One of the defining features of the house is the row of bookshelves lining one wall which hold my collection of architecture books. I keep this unique collection behind glass because I am allergic to dust.

Ik heb nog een huis in Parijs en in Tokyo. De overeenkomst tussen de drie huizen, is de Eames-stoel. Deze zit gewoon het lekkerst en daar gaat het me om. In al mijn ontwerpen neem ik hem ook altijd op. Ik ben nu dol op de Utrecht-stoel van Rietveld die in het Parijse appartement staat. Dat huis heeft veel hout, en is daardoor anders van sfeer. Hier ligt de jurategel door het hele huis. Een restpartij was precies genoeg om vloer en muur mee te betegelen. Door een witgeschilderde gebogen aluminium plint te gebruiken, lijkt het net of de tegelvloer als een tapijt op de grond ligt. **Ik probeer wel eens iets uit in dit huis, het is een soort lab.** De muren zijn kaal omdat ik het stom vind om dingen op te hangen. Maar kijk eens hoe de zon naar binnen schijnt. Dat is toch gezellig genoeg!

Als ik thuis ben, zit ik altijd aan de grote tafel in mijn keuken. Ik houd heel erg van koken en de keuken is in de eerste plaats functioneel. Het is geen prachtstuk, maar hij is heel ruim en goed schoon te houden. Als er veel mensen komen eten, draait het om de planning, de organisatie, om de mise en place. Dat is voor je leven en werk ook prettig. **Ik houd erg van controle zonder dat het een neurose is.** Ook in mijn werk probeer ik te bedenken wat en hoe we iets gaan aanpakken, pas dan haal ik mijn personeel erbij. Je kunt zeggen dat ik een directieve baas ben. Zelf vind ik het een efficiënte manier van werken, maar ook een prima manier om lui te zijn. Mijn kinderen zeurden altijd om een bank. De bank appelleerde aan 'gezelligheid' zoals ze die bij vriendjes meemaakten, maar ik heb dit meubel altijd geweigerd aan te schaffen. Het concept wonen in een woonkamer stamt uit de negentiende eeuw en is een uitvinding van de bourgeoisie. Jonge mensen van nu kunnen helemaal geen groot huis betalen. Ze leven veel meer buitenshuis en dus zullen ze hun huis op een andere manier gaan gebruiken waarbij er geen ruimte is voor een woonkamer.

In Nederland is de tijd van de grootschalige woningbouw afgelopen. Ons bureau heeft heel veel planmatig gebouwd. Huizen voor arme mensen, voor rijke mensen. Het is heel goed dat de bouw tot stilstand is gekomen, ook al hebben wij tijdens de bloeiperiode geweldig geprofiteerd. Daarom zit ik hier nu tussen mijn kookboeken.

I also have houses in Paris and Tokyo. The one element linking all three houses is the Eames chair. It is simply the most comfortable and that's what matters for me. I always incorporate it into all my designs. I am thrilled by the Rietveld Utrecht chair in my Paris apartment. That house has a lot of wood, which gives it a different atmosphere. In the Amsterdam house, all the floors are covered with Jura stone. I got hold of a remaindered batch of tiles that was exactly enough to cover the floors and walls. Painted white, the curved aluminium skirting board creates the illusion that the stone floor is actually a carpet. **I try to experiment in this house; it's a sort of lab.** The walls are bare because I think it is stupid to hang things on them. Just look at how the sun shines in. That's cosy enough.

When I'm at home, I always sit at the big table in the kitchen. I'm passionate about cooking and the kitchen is first and foremost a functional space. It's not exceptionally beautiful, but it's spacious and easy to keep clean. When I have a lot of people here for a meal, it comes down to planning, organisation and execution. That is also the way you should organise your work and life. **I am someone who likes to be in control without being neurotic about it.** In my work, too, I try to think about how we are going to tackle a project. Only once I've done that will I call a meeting with the team. You could say that I'm a boss who likes to give orders. Personally, I find it an efficient way to work, but also a perfect way to be lazy. My children were always nagging me to get a sofa. A sofa suggested the sort of home comforts they experienced in their friends' houses, but I have always steered clear of acquiring one. The concept of living in a living room was invented by the bourgeoisie in the nineteenth century. Young people today simply can't afford to buy a big house. They spend far more time outdoors, and so they use the house differently, and don't have any need for a living room.

In the Netherlands, the days of large-scale housing projects are over. Our office does a lot of specialised building - houses for the poor, houses for the rich. It's a good thing that construction has now come to a standstill, even though we profited handsomely during the boom years. It means that I can sit here now surrounded by my cookbooks.

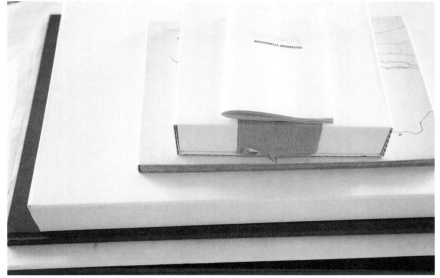

Door een witgeschilderde gebogen aluminium plint te gebruiken, lijkt het net of de tegelvloer als een tapijt op de grond ligt. Ik probeer wel eens iets uit in dit huis, het is een soort lab.

Painted white, the curved aluminium skirting board creates the illusion that the stone floor is actually a carpet. I try to experiment in this house; it's a sort of lab.

Felix Claus, °1956
Claus en Kaan Architecten

BIOGRAFIE

1987	diploma architect, TU Delft
1987	oprichting CKA, met Kees Kaan
1995	winnaar Grand Prix Rhenan
1999-2001	professor RWTH, Aken, Duitsland
2006-...	professor ETSA, Madrid
2007-2011	professor ETH, Zürich
2009	winnaar Gouden A.A.P.

PROJECTEN – EEN SELECTIE

Nederlands Forenzisch Instituut, Ypenburg, Den Haag
Nederlandse Ambassade, Maputo, Mozambique
Stadsplanning IJburg, Amsterdam
Kamer van Koophandel, Lille, Frankrijk
Crematorium Heimolen, Sint-Niklaas, België
Stadsarchief, Amsterdam
Museum van Schone Kunsten (master plan), Antwerpen, België

Felix Claus, born 1956
Claus en Kaan Architecten

BIOGRAPHY

1987	Diploma in architecture, Delft University of Technology
1987	founder CKA, with Kees Kaan
1995	awarded Grand Prix Rhénan d'Architecture
1999-2001	professor at RWTH, Aachen, Germany
2006-...	professor at ETSA, Madrid
2007-2011	professor at ETH, Zurich
2009	awarded Gouden A.A.P.

PROJECTS – A SELECTION

Netherlands Forensic Institute, Ypenburg, The Hague
Dutch Embassy, Maputo, Mozambique
IJburg urban design, Amsterdam
Chamber of Commerce, Lille, France
Heimolen Crematorium, Sint-Niklaas, Belgium
Municipal Archives, Amsterdam
Museum of Fine Arts (master plan), Antwerp, Belgium

RIANNE MAKKINK

Wonen is een abstract begrip. Ik zit vrijwel nooit in de woonkamer behalve als de houtkachel brandt. **Ik leef in de keuken** en ben verder het liefst buiten op ons erf in de Noordoostpolder. Opgegroeid op onze eeuwenoude familieboerderij in Gelderland, ben ik als boerendochter van oudsher gewend om veel buiten te zijn. Ik was heel erg geïnteresseerd om het bedrijf later over te nemen, maar ik kwam er niet eens voor in aanmerking. Ik leerde te goed, bovendien gold bij ons het Saksische recht: de oudste zoon erft de zaak, en dus ging de melkveehouderij naar mijn oudste broer al heeft naderhand mijn zuster de boel overgenomen.

Mijn vader had destijds belangstelling voor het 'nieuwe boeren' zoals dat werd bedreven in de Noordoostpolder en de Flevopolders. Hij nam me mee, en **ik raakte bekoord door de schoonheid van de grote vlaktes en betonnen schuren** in strak geregisseerd nieuw land. De Noordoostpolder is volledig vanaf de tekentafel bedacht en uitgezet. De hoofdwegen zijn aan beide kanten beplant met elzen, de zijwegen met enkele rijen iepen. Alle landbouwkavels zijn opgedeeld in percelen van 300 × 800 meter = 24 hectare, de woonkavels zijn gemiddeld 1 hectare. Uiteindelijk ben ik er met Jurgen in 2005 zelf gaan wonen. Ons huis is niet groot, maar we hebben wel een hectare grond. Ik vind het er heerlijk, dat akkerbouwlandschap waar groot materieel doorheen ploegt, en waar elk jaar andere gewassen op groeien. Die eerste zomer bloeiden aan de ene kant van ons erf hectares met tulpen, en aan de andere kant stond wuivend graan. Elke avond zaten we buiten tussen de velden waarboven leeuweriken zingend omhoog vlogen en zwaluwen cirkelden.

Our relationship with our house is an abstract idea. I almost never sit in the living room unless the wood stove is burning. **I live in the kitchen** and like it best when I'm outdoors on our land in the Noordoostpolder. Having grown up on a centuries-old family farm in Gelderland, I have always been used to spending lots of time outdoors. I was very keen to take over the farm at some point, but I was never once considered suitable. I was too diligent a student, and in any case we were governed by Saxon law: the oldest son inherited the business, and so the dairy farm passed to my oldest brother, even though my sister eventually took over the business.

My father in those days was interested in the new type of farming that was being practised in the Noordoostpolder and the Flevopolders. He took me along with him, and **I was struck by the beauty of the vast flat landscape and the concrete barns** that defined the strictly regimented new land. The Noordoostpolder was entirely conceived and designed on the drawing board. The main roads are planted along both verges with alders, the side roads with single rows of elms. Each parcel of agricultural land is divided into plots measuring 300 x 800 metres, or 24 hectares, while the house plots average about one hectare. I finally moved there myself in 2005 to live with Jurgen. Our house isn't big, but we do have a hectare of land. I love it here, surrounded by the agricultural landscape with giant machines ploughing their way backwards and forwards, and the different crops that grow each year. During our first summer here, we had several hectares planted with tulips on one side of our land, and fields of swaying corn on the other.

We kochten het huis uit 1952 met inbegrip van een Schokbetonschuur en een langgerekte duiventil. Alles zat onder de stront. In eerste instantie wilden we in de schuur gaan wonen, maar die was te erg verwaarloosd. Het werd dus het huis dat we niet echt wilden verbouwen, maar eenmaal begonnen, moesten we wel doorgaan. **De grootste ingreep was het samenvoegen van de halfsteense serre met een halfsteens schuurtje** bij het huis. We hebben het met bitumen dakbedekking bekleed, er een betonnen vloer in gestort en afgevlinderd, en het plafond eruit gehaald. Nu is het de keuken. Soms vragen mensen uit de omgeving wanneer we het nu eindelijk eens gaan aftimmeren.

Ik ben van de generatie dekens, Jurgen is van het dekbed. Dat verklaart ongetwijfeld mijn fascinatie voor wollen dekens. Het is heel fijn materiaal, de dessins zijn vaak prachtig, helaas wordt er in Nederland geen deken meer gemaakt. Dus als ik een tweedehands exemplaar vind, moet ik hem kopen. **De dekens bepalen de kleuren van de kamers.** We hebben een gele zonnige kamer, een groene kamer met een rariteitenkabinet van opgezette dieren en een bibliotheek, een oranje slaapkamer en een blauwe slaapkamer. Dode dieren die we vinden, laten we opzetten.

Buiten staan verschillende hutten die ooit op de modebiënnale in Arnhem stonden. Nu doen ze dienst als onderkomen voor designers in residence. **Gedurende de zomermaanden nodigen we een ontwerper uit die een eigen onderzoek mag doen** binnen het onderwerp Noordoostpolder. Wij bieden de omstandigheden, een tijdelijke woon/werkplek en een onderzoeksveld, het heet dan ook VELD|werk. We willen heel graag de polder delen met geïnteresseerden, en ze de schoonheid van een geregisseerd landschap laten zien.

We bought the 1952 house along with a reinforced concrete barn and an elongated dovecot. Everything was filthy. We initially wanted to live in the barn, but it was too dilapidated. So we ended up renovating the house, even though we didn't really want to, but once we had begun, we just had to carry on. **The biggest transformation was to join up a half-brick greenhouse with a little half-brick barn** next to the house. We protected the roof with bitumen, laid down and power floated a concrete floor, and removed the ceiling. This is now the kitchen. Sometimes our neighbours ask us when we're going to get round to putting in the wood finish.

I belong to the generation that sleeps with blankets, while Jurgen likes duvets. That obviously explains my fascination for woollen blankets. They are lovely pieces, the patterns are often beautiful, but unfortunately no one makes blankets any more in the Netherlands. That means if I ever come across one second-hand, I have to buy it. **The blankets define the colours in the rooms**. We have a sunny yellow room, a green room with a library and a cabinet of curiosities containing stuffed animals, an orange bedroom and a blue bedroom. When we find any dead animals, we have them stuffed.

Outside are various sheds that came from the Fashion Biennal in Arnhem. They are now used as accommodation for designers in residence. **During the summer months we invite a designer to carry out their own research here** on the theme of the Noordoostpolder. We provide the setting, a temporary living/working space and a research space, which we call VELD/werk, or FIELD/work. We very much want to share the polder with interested people, and to show them the beauty of a created managed landscape.

Het kabinet is een erfstuk. Onze ouders bewaarden er de mooie spullen in en dat doe ik nu ook. Ik vind het leuk om er zo nu en dan iets uit te halen, maar het vooral ook weer op te bergen.

The cabinet is an heirloom. Our parents used it to keep their prized possessions, and we do the same. I like taking something out now and then, but I like even more putting it back again.

Buiten staan verschillende hutten die ooit op de mode-biënnale in Arnhem stonden. Nu doen ze dienst als onderkomens voor designers in residence.

Outside are various sheds that came from the Fashion Biennal in Arnhem. They are now used as accommodation for designers in residence.

Rianne Makkink, °1964
Studio Makkink & Bey

BIOGRAFIE

1990	diploma Architect TU Delft
1991-2001	Max.1 Architecture & Urbanism, Rotterdam
1994-...	gastdocent aan verschillende universiteiten en hogescholen in Nederland en België
1998-2002	redacteur *Forum* magazine
2000	winnaar Rotterdam Design prijs voor *Forum* magazine
2002	oprichting studio Makkink & Bey
2003-...	*Sloom.org* (tijdschrift en events i.s.m. Herman Verkerk)
2003-...	lid van verscheidende commissies en jury's
2005	Prins Bernard Cultuurprijs

PROJECTEN – EEN SELECTIE

Het Linnenkas Thuis
Meubilair voor receptie en bedrijfsrestaurant voor Interpolis, Tilburg
The Crate Series
Prooff superstudio
Nissan Cube
Huize Hunting, Turnhout, België
groot aantal exposities in binnen en buitenland

Rianne Makkink, born 1964
Studio Makkink & Bey

BIOGRAPHY

1990	diploma in architecture, Delft University of Technology
1991-2001	Max. 1 Architecture & Urbanism, Rotterdam
1994-...	guest lecturer over several years at various universities and colleges in the Netherlands and Belgium
1998-2002	editor, Forum magazine
2000	wins Rotterdam Design Prize for *Forum* magazine
2002	founder Studio Makkink & Bey
2003-...	*Sloom.org* (magazine and events, with Herman Verkerk)
2003-...	sits on various committees and juries
2005	awarded Prince Bernhard Culture Prize

PROJECTS – A SELECTION

Linen Chest House
Furniture in the reception area and staff canteen at Interpolis, Tilburg
The Crate Series
Prooff superstudio
Nissan Cube
Huize Hunting, Turnhout, Belgium
Numerous exhibitions in the Netherlands and abroad

WIM
DE VOS

Mijn huis is niet te groot, maar zeker niet benauwd. De maatvoering van 125 vierkante meter is heel prettig, de lichte ruimte werkt heel aangenaam op mijn gemoed. Ik houd ervan om veel buiten te zijn, toch ben ik dat soms een hele dag niet, zonder dat ik dat heb gemerkt. **Ik heb bewust gekozen voor een niet al te hoge verdieping in het gebouw**, waardoor het water nog echt water is met alle rimpelingen en spiegelingen. Als je hoog woont, wordt het uitzicht een foto. Vanaf april heb ik uitzicht op de zeilschool met allemaal kleine zeilbootjes. Graag bedenk ik mijn eigen wereld, en ga net zo lang door met verbouwen tot het huis me past.

Ik heb zowel in Antwerpen, als in Brussel en Amsterdam altijd in oude huizen gewoond, maar nu wilde ik per se geen bestaand huis kopen, want mijn grootste angst was dat ik eindeloos zou blijven verbouwen. Bovendien staat me de veelal benauwde entree van Amsterdamse huizen tegen. **Toen ik dit nieuwbouwhuis kocht, heb ik het eerst casco gemaakt om het vervolgens opnieuw in te delen**. Vanaf de voordeur heb ik een rechte lijn gecreëerd door de woonkamer naar de werkkamer - een zogenaamde enfilade. Ik heb de nieuwe openingen naar de werkkamer zo geplaatst dat de twee sferen van woon- en werkkamer gescheiden blijven. De nieuwe 'oude' radiatoren ontnemen het huis direct zijn nieuwbouwkarakter. De verbouwing heeft uiteindelijk een jaar geduurd, gaandeweg bedacht ik tijdens het proces nieuwe oplossingen.

My house isn't too big, but it certainly isn't cramped. The floor area – 125 square metres – is really good, and the well-lit space has a positive effect on my mood. I like to spend a lot of time outdoors, but I sometimes don't go out at all for a whole day, without even noticing it. **I deliberately chose a floor in the building that wasn't too high up**, so that the water still looks like water with all its ripples and reflections. When you live very high, the view becomes a photograph. From April, I have a view of the sailing school and all its little yachts. I like to create my own world, and I keep on renovating until I have the house the way I want it.

I have lived in Antwerp, Brussels and Amsterdam, always in old houses, but this time I specifically did not want to buy an old house, because my biggest fear was that I would go on renovating endlessly. I had also decided that I didn't like the narrow entrances that you get with most houses in Amsterdam. **When I bought this newly-built house, I gutted the interior so that I could divide it up starting from scratch**. Beginning at the front door, I drew a straight line through the living room to the studio – an enfilade, as it is called. I positioned the new opening to the studio so that the two different moods of living and working were kept apart. The new 'old' radiators immediately took away the house's newly-built character. The reconstruction lasted a year in all; I gradually came up with new solutions during the process.

Het gebouw is ontworpen door de Zwitserse architecten Diener & Diener. Het ontwerp intrigeerde me zoals het op het Java-eiland stevig in het water staat. **De ramen zijn heel open waardoor je maximaal contact met buiten hebt**, terwijl er genoeg muur overblijft om een binnengevoel te creëren. Ik was zo onder de indruk van de buitenruimte: het water en het gras, dat wilde ik beeldbepalend laten zijn. Aan de waterzijde gaf ik de muur een kleur die zoveel mogelijk de kleur van het troebele water benaderde; aan de graskant gaf ik de muur een blauwgroene kleur, waarmee ik buiten naar binnen haalde.

Maar nadat ik er een poos had gewoond, bleek het huis geen sfeer te hebben, het was teveel architectuur. Pas na een tijd kwam ik erachter wat de lekkere plekken in huis zijn. Bovendien begon ik mijn boeken te missen, en mocht er best een plant in huis staan. Uiteindelijk heb ik het huis al eenmaal overgeschilderd en nu is het míjn huis. **Ik werk graag met kleur zonder dat je er direct mee wordt geconfronteerd**. De zogenaamde DIY tafel van Enzo Mari staat nu in mijn werkkamer aan het raam boven het water, terwijl deze eerst doodsloeg in de woonkamer. De tafel is een ontwerp uit de jaren zeventig, en is eigenlijk een tekening voor een bouwpakket, vandaar de naam DIY: do it yourself.

Ik heb gestudeerd in mijn geboortestad Antwerpen. Ik vond mijn draai niet echt in België. Begin jaren tachtig ben ik verhuisd naar Amsterdam en ik kon er aan de slag als ontwerper van winkels en interieurs. In het begin moest ik wel wennen aan de directheid van de Hollanders, ik raakte er zelfs door geïntimideerd. **Maar hier gebeuren dingen wel zoals ze zijn afgesproken**, en moet het anders, dan valt dat te bespreken. Bovendien heeft Amsterdam veel meer mooie woonplekken, zoals de kades, de dokken, de grachten, de parken. Vroeger kreeg ik veel Belgische logés over de vloer, maar de stad heeft zijn aantrekkingskracht op de buitenlanders grotendeels verloren met al zijn gesloten musea en zonder evenementen met een unieke uitstraling. Wat vroeger alleen in Amsterdam kon, kan nu overal. Ik blijf hier niet voor altijd, maar woon er nog wel graag. Ik vind hier nog steeds de energie van een grote stad in een aangename setting.

The building was designed by the Swiss architects Diener & Diener. I was intrigued by the design, which places the building on Java Island firmly in the water. **The windows are very open which allows maximum contact with the exterior,** but there is still enough of a wall to create a sense of being inside. I was deeply impressed by the exterior space: the water and the grass, I wanted that to define the image. So I painted the wall on the water side a colour that came as close as possible to the colour of the muddy water; and I painted the wall on the grass side a bluish-green colour, and so brought the outdoors into the apartment.

After living there a while, however, I realised that the house didn't have any character; it was too much architecture. It was only later that I discovered the pleasant spaces in the house. I was also beginning to miss my books, and felt that the house would benefit from a plant. In the end, I repainted all the walls and now it's my house. **I like to work with colour without you being directly confronted by it**. The DIY table, as it is called, by Enzo Mari now stands in my studio by the window overlooking the water, whereas it originally overwhelmed the living room. The table is a design from the 1970s; it was actually a drawing for a self-construct kit, which is why it's called DIY – do it yourself.

I studied in Antwerp, which is where I was born. But I didn't really find my niche in Belgium. So I moved to Amsterdam in the early Eighties and started designing shops and interiors. In the beginning, I had to get used to the bluntness of the Dutch; I even found it rather intimidating. **But people here do what they say they will do**; and so, if it has to be done differently, you can always discuss it. Besides, there are lots more attractive places to live in Amsterdam, such as quaysides, docklands, canals and parks. I used to get a lot of visitors from Belgium staying with me, but the city has largely lost its attraction for foreigners, thanks to all the museums that are closed and the absence of any unique events that could draw people. In the past, there were things that you could only do in Amsterdam, but now you can do them everywhere. I don't plan to stay here forever, but I'm happy to live here for the time being. I still feel the energy of a big city in an attractive setting.

Ik heb de nieuwe openingen naar de werkkamer zo geplaatst dat de twee sferen van woon- en werkkamer gescheiden blijven.

I positioned the new opening to the studio so that the two different moods of living and working were kept apart.

Wim De Vos, °1950
Studio De Vos

BIOGRAFIE

1969-1972	diploma architect NHIBS (Artesis hogeschool), Antwerpen
1986	zelfstandig interieurarchitect, Amsterdam
1989	ingeschreven in Nederlands Architectenregister
1990	docent Interieur Architectuur (Willem de Kooning Akademie Rotterdam, TU Delft, Design Academy Eindhoven, Artesis Antwerpen, Koninklijke Akademie Den Haag)
1995	Mart Stam prijs Interieur architectuur, Amsterdam
2009	Nominatie LAi prijs

PROJECTEN – EEN SELECTIE

Interieurontwerp winkelpanden o.a 501, Amsterdam
Tentoonstelling Hans van der Laan, NAI Maastricht
Woningen en appartementen, Amsterdam en Brussel
Woning en appartement, Amsterdam
Kapperszaak Otten, Hilvarenbeek

Wim De Vos, born 1950
Studio De Vos

BIOGRAPHY

1969-1972	Diploma in architecture, Artesis University College, Antwerp
1986	Freelance interior architect, Amsterdam
1989	Registered in the Dutch Index of Architects
1990	Teaches interior architecture (Willem de Kooning Academy Rotterdam, Delft University of Technology, Design Academy Eindhoven, Artesis College Antwerp, Royal Academy The Hague)
1995	awarded Mart Stam prize for interior architecture, Amsterdam
2009	Nominated for the LAi prize

PROJECTS – A SELECTION

Interior design, various shops including 501, Amsterdam
Exhibition Hans van der Laan, NAI, Maastricht
Houses and apartments, Amsterdam and Brussels
House and apartment, Amsterdam
Otten hairdressing salon, Hilvarenbeek

HERMAN HERTZBERGER

Onze architectuurstudio doet geen privé-huizen. Toch zijn we wél vakmatig bezig met het inrichten van ruimtes, maar **bij mijn eigen huis voel ik die behoefte of dwang helemaal niet**. Mijn vrouw en ik creëren een omgeving zonder ontwerpneigingen. We denken er gewoon niet aan. Je eigen leven is ingesteld op wat je comfortabel en praktisch vindt. Bovendien hebben we alles wat met ons leven te maken heeft, om ons heen verzameld en daar beleven we veel plezier aan. Planten bijvoorbeeld hebben een grote aantrekkingskracht op mijn vrouw. Om een gordijn dicht te kunnen doen, moet ik een zware pot verplaatsen. Nou ja, dan gaat dat maar even voor het praktische. Mijn werktafel is nu ook niet bepaald wat je noemt een clean desk.

Er is geen plek in huis ter grootte van een stoeptegel, die niet in gebruik is. Alle tastbare representanten van gebeurtenissen uit ons leven bewaren we en stellen we tentoon. We doen niet aan Facebook, we doen aan 'images'. Kindertekeningen, kunst zoals van Joost van Roojen, die er alles aan heeft gedaan om onbekend te blijven; ook verzamelingen van stenen, ansichtkaarten, planten en junk vind je in ons huis. Ik gebruik die beelden als input. Moderne architectuur is dus niet mijn enige bron van inspiratie. Weet je dat de helft van je herseninhoud vol zit met images? **Eigenlijk fungeren die beelden in mijn huis als een uitbreiding van mijn hoofd, als een soort extern geheugen.**

Our architectural firm doesn't do private houses. We are, though, still professionally involved in designing spaces, **although I don't feel that need or pressure when it comes to my own house.** My wife and I created an environment without feeling any need to design it. We just didn't think about it. Your own life is based on what you find comfortable and practical. Besides, we have gathered everything to do with our life around us, and that gives us a lot of pleasure. My wife, for example, is passionate about plants. If I want to draw the curtains, I have to move a heavy pot. Well, yes, that takes precedence over any practical considerations. And my work table is not exactly what you would call a clean desk.

You won't find a single place in the house larger than a floor tile that isn't being used. We jealously guard and display every physical manifestation of the various events that have happened in our lives. We aren't on Facebook; we work with 'images'. Our house is filled with children's drawings, art by people like Joost van Roojen, who has done his utmost to remain unknown; we also have collections of stones, postcards, plants and junk. I use these images as input. That means modern architecture is not my only source of inspiration. Did you know that half of our brain is filled with images? **The pictures in my house in fact serve as an extension of my head, as a sort of external memory.**

Vaak zie je in huizen van architecten de obligate stoel X en de obligate tafel Y, die je als architect hoort te hebben. Heel eerlijk gezegd voel ik daar minachting voor. Zelf hebben we daar niet zoveel last van. In ons woud aan spullen zie je de paar designstukken die we hebben, over het hoofd. **Wij nemen ook nog steeds van alles mee wat we op straat vinden.** Zo vonden we ooit superhoge Thonet-krukken die mijn vrouw vervolgens heeft schoongemaakt en opnieuw gelakt. Sommige krukken waren te hoog, en met pijn in het hart zaagde ik een stuk van de poten af.

Bij 'bewust levende' vrienden zie je een tentoonstelling van belangrijke 'stukken', en móeten hun muren kaal blijven. Ik moet er wel om lachen, dan leef je toch in een keurslijf. Nu doen we dat zelf natuurlijk ook, maar dan op onze manier. De mensen in onze omgeving zeggen vaak dat wij zo'n kritische smaak hebben. 'Dit mag niet en dat mag niet van jullie, maar als het bij Hertzberger staat, mag het plotseling wel', zeggen ze dan. Zelf heb ik groot respect voor schrijvers en dichters, meer nog dan voor mijn eigen beroepsgroep, maar die kunnen een smakeloze troep om zich heen hebben, onvoorstelbaar. Dus, conclusie, **is er toch een geheim decreet dat alleen wij kennen**!

Mijn vrouw en ik hebben een hecht huwelijk, we zijn al 53 jaar bij elkaar. Over van alles en nog wat hebben we tegengestelde meningen, maar we doen concessies, want anders houd je het niet zo lang vol. Dus staat er aardig wat in huis waar ik niet veel in zie. Maar ja, zij wordt er gelukkig van, dus waarom zou ik gaan dwarsliggen? Dat hebben we natuurlijk over en weer. Ons huis kochten we in 1975, en dan vooral omdat het zo'n fantastisch beschut terras op de zon heeft. **Natuurlijk hebben we wel gesproken over de mogelijkheid om ons eigen huis te bouwen, maar ik heb nooit echt de behoefte gevoeld dit te doen.** Ik vond het misschien eng, te definitief. Misschien ook uit vrees voor de reactie: 'Zo, dit is dus wat je bedoelt.' Toen er op IJburg kavels werden uitgegeven voor nieuwbouw en we dus de kans hadden om zelf te gaan bouwen, wilde mijn vrouw absoluut niet weg uit onze buurt. Ik trouwens ook niet. Nee, het huis voelt als een oude jas, en die zullen we niet snel uitdoen.

You often see architects' houses with the obligatory chair X and the obligatory table Y, which you are expected to own as an architect. To be perfectly honest, I despise that. We don't suffer much from that problem. When you see the mountain of stuff that we have accumulated, the one or two designer objects are scarcely noticeable. **We continue to pick up all sorts of things we find on the street.** We once found some really tall Thonet stools which my wife then cleaned and re-varnished. Some of the stools were too high and, with a heavy heart, I had to saw off sections of the legs.

We have friends who have consciously adopted a particular lifestyle; their houses are like exhibitions of important 'pieces', while their walls simply have to be bare. I have to laugh at them, because they're living in a straitjacket. We do the same ourselves, of course, but in our own way. The people around us tell us that our taste is very critical. 'You tell us that this isn't allowed and that isn't allowed, but when it comes to Hertzberger then suddenly it's allowed', is what they say. Personally I have a lot of respect for writers and poets, more so than for my own professional group, but they can surround themselves with tasteless clutter – it's unbelievable. So, in conclusion, **there are no secret rules known only to us**!

My wife and I have a solid marriage; we've been together now for 53 years. We disagree about almost everything, but we manage to compromise, otherwise we wouldn't last for very long. So there are lots of things in the house that don't mean much to me. But, well, they make her happy, so why make a big fuss? And of course it cuts both ways. We bought our house in 1975, mainly because of the fantastic sheltered terrace that catches the sun. **We've obviously talked about the possibility of building our own house, but I've never felt the need to do this.** It's possibly because I find it creepy, too definitive. Maybe it's also that I'm afraid of the reaction: 'So, this is what you mean.' When they were giving out plots of land for new housing on IJburg, we had the opportunity to build something for ourselves, but my wife absolutely refused to move from our neighbourhood. I felt the same. No, our house feels like an old coat, and we aren't about to take it off.

Er is geen plek in huis ter grootte van een stoeptegel, die niet in gebruik is. Alle tastbare representanten van gebeurtenissen uit ons leven bewaren we en stellen we tentoon.

You won't find a single place in the house larger than a floor tile that isn't being used. We jealously guard and display every physical manifestation of the various events that have happened in our lives.

Herman Hertzberger, °1932
Architectuurstudio HH

BIOGRAFIE

1958	diploma bouwkundig ingenieur, TU Delft
1960	oprichting eigen architectuurstudio HH
1965-1969	docent Academie van Bouwkunst, Amsterdam
1970-1999	buitengewoon hoogleraar, TU Delft
1990-1995	decaan van de postdoctorale opleiding architectuur, Berlage Instituut, Amsterdam
2010	biografische documentaire 'Ik zag ruimte' door Kees Hin
2012	Royal Institute of British Architects Gold Medal

PROJECTEN – EEN SELECTIE

Centraal Beheer, Apeldoorn
Muziekcentrum Vredenburg, Utrecht
Ministerie van Sociale Zaken en Werkgelegenheid, Den Haag
Apolloscholen, Amsterdam
Chassé Theater, Breda
Hoofdkantoor Waternet, Amsterdam
Multifunctioneel Centrum Presikhaven, Arnhem, Amsterdam
NHL Hogeschool, Leeuwarden

Herman Hertzberger, born 1932
Architectuurstudio HH

BIOGRAPHY

1958	diploma in architectural engineering, Delft University of Technology
1960	founder own architecture office HH
1965-1969	lecturer at Academy of Architecture, Amsterdam
1970-1999	professor at Delft University of Technology
1990-1995	dean in postdoctoral architectural training, Berlage Institute, Amsterdam
2010	biographical documentary Ik zag ruimte (I saw space) by Kees Hin
2012	Royal Institute of British Architects Gold Medal

PROJECTS – A SELECTION

Centraal Beheer head office, Apeldoorn
Vredenburg Music Centre, Utrecht
Ministry of Employment and Social Affairs, The Hague
Apollo Schools, Amsterdam
Chassé Theatre, Breda
Water Management head office, Amsterdam
Presikhaven Multifunctional Centre, Arnhem, Amsterdam
NHL College, Leeuwarden

RONALD HOOFT

Begin 2000 kochten we dit huis aan een rafelrand van de stad in Amsterdam-Noord. In deze voormalige botenloods wonen nu achttien gezinnen, **mensen met een cowboymentaliteit die zich aangetrokken voelden tot dit rommelige en onaangepaste gebied**. Het is het laatste industriële gebied binnen de Ring. Er is een verwilderd park met beesten, een haventje, een tennispark en een volks winkelcentrum. Zo'n mix vind ik leuk. Men is er nogal op zichzelf, maar met mooi weer komt iedereen zijn hol uit. We wonen er illegaal, omdat er tot nog toe geen woonbestemming op het pand zit, maar dat gaat binnenkort veranderen. We zijn een soort chique krakers. Als je uit het centrum verhuist, lijkt alles ver weg. Maar je eigent je de stad juist meer toe wanneer je aan de periferie woont. Het maakt je niets uit als je voor je kerstkalkoen naar de poelier op de Haarlemmerdijk moet, en binnen tien minuten ben je op de markt. De stad dijt uit, maar krimpt tegelijkertijd ook in.

Ons huis heeft een oppervlakte van 275 vierkante meter, maar de ruimte zit hem vooral in de kubieke meters. We hebben twee insteekverdiepingen en een entresol in het ontwerp opgenomen. Het huis is maatwerk voor een gezin van vier. Het paste ons toen, maar de tijd raasde voort en een paar jaar later werd ons derde kind geboren en hebben we er een kamer ingeschoven. Inmiddels zijn de twee oudsten pubers, dus was er een extra badkamer nodig. Zij willen zich niet meer scheren in de badkamer van hun ouders. **De jaarringen van ons gezin zie je dus terug in het huis**.

Back in early 2000, we bought this house located on the urban fringes of the city in North Amsterdam. Eighteen families now live in this former boatshed, **each one possessing a pioneering spirit that draws them to this untidy and untamed area**. It is the last industrial area within the Amsterdam Ring. There is an overgrown park with some animals, a small harbour, tennis courts and a downmarket shopping centre. I like the mix that you find here. People live rather withdrawn lives, but everyone comes out of their hole when the weather is good. We're living here illegally, since we haven't yet received planning permission to turn this place into housing, but that is going to change soon. We are sort of chic squatters. If you move out of the centre, everything seems a long way away. But you appreciate the city all the more when you live on the periphery. You don't mind having to go all the way to the poultry shop on the Haarlemmerdijk to pick up your Christmas turkey, and you are at the market in ten minutes. The city expands, but it also contracts.

Our house has a total floor area of 275 square metres, but the space that really matters is measured in cubic metres. We have added two mezzanine floors and an entresol in the design. The house was custom made for a family of four. It suited us perfectly at the time, but life goes on and, a few years later, our third child was born and we had to squeeze in another room. In the meantime, the two older children became adolescents, so we needed to add an extra bathroom. They no longer wanted to shave in their parents' bathroom. **You can see the growth rings of our family reflected in our house**.

De stalen constructie heb ik ter isolatie ingepakt in gipsplaat, en uit esthetische overwegingen afgewerkt met gepigmenteerd stucwerk, en het tot slot afgesloten met steenolie. Ik vind het mooi. De ervaring tijdens het wonen heeft me geleerd, dat ik details eerder moet opnemen in het plan. **Een goed ontwerp toont zich in de detaillering.** Hoe wordt een naadje of een spleet in het ontwerp zichtbaar, hoe gaat het plafond over in de muur, hoe hangt een deur in een vak, een lijst of in een stijl. Daaraan zie je de kwaliteit van de ontwerper. De meubels in het huis zijn 'bewezen' meubels, zoals de eetkamerstoelen van Eames, de chaise longue van Le Corbusier en de salontafel van Noguchi. We ontwerpen als bureau zelf ook meubels, maar die hoef ik niet per se in mijn eigen huis.

De felle kleuren beperken zich tot de kamers van de dochters, het overige kleurgebruik in ons huis is hoofdzakelijk zwart, wit en grijs. Zelf draag ik ook altijd zwart. **Zwart is wel een kleur voor architecten, ik ken er vrij veel die niets anders dragen.** Misschien doen ze dat in navolging van, of uit eerbetoon aan architecten als Mies van der Rohe en Le Corbusier, en geldt het nu als beroepscode. Een aantal van onze ontwerpen kenmerkt zich juist door hun kleurrijkheid, zoals Brasserie Harkema en kunstenaarssociëteit De Kring. Maar dat gebeurt dan op vraag van de opdrachtgever. Kleur boeit me wel, maar het is niet mijn eerste natuur. We hadden voor Harkema bedacht om een lange wand elke maand in een andere kleur te schilderen, maar dat bleek in de praktijk te duur. Toen hebben we de muur geschilderd in het hele kleurpalet van Histor.

Na de Gerrit Rietveld Academie, waar ik afstudeerde aan de afdeling Audio-visueel, heb ik een tijd gewerkt als beeldend kunstenaar. Daarna ben ik steeds meer gaan ontwerpen, bijvoorbeeld voor het label Laundry Industrie. Eerst deed ik hun stands voor beurzen, en later ook hun winkels. De ontwerpen werden steeds bouwkundiger en constructiever. **Al met al heb ik het vak dus in de praktijk geleerd.** De samenwerking met architect Herman Prast stamt uit dezelfde tijd dat we ons huis kochten. We werden gevraagd om samen de Amsterdamse brasserie Harkema te ontwerpen, wat achteraf de start van ons eigen bureau werd. We zijn tien jaar verder en inmiddels met elkaar vervlochten, we bespreken ieder ontwerp in detail. We hebben onze naam van Prasthooft veranderd naar &Prast&Hooft. Als je de een vraagt, krijg je de ander er automatisch bij.

I enclosed the steel construction in plasterboard for insulation, then covered it in pigmented stucco for aesthetic reasons, and finally sealed it with rock tar. I think it's beautiful. The experience of living in the house has taught me that I have to incorporate details into the plan at an earlier stage. **A good design is reflected in the details.** How do you reveal a seam or a slit in the design, how should the floor connect with the wall, how does a door hang in an opening, a frame or a jamb? This is where you can see the quality of the designer. The furniture in the house consists of 'established' works, like the Eames dining chairs, the Le Corbusier chaise longue and the Noguchi coffee table. Our office also designs furniture, but I don't absolutely have to have it in my own house.

We have limited the use of strong colours to our daughters' rooms; the predominant colours elsewhere in the house are black, white and grey. I always wear black myself. **Black is really an architects' colour; I know many architects who don't wear anything else.** Perhaps they are doing so in imitation of, or in honour of, architects like Mies van der Rohe and Le Corbusier, so that it has now became a professional dress code. Some of our designs stand out because of the colours, like Brasserie Harkema and the De Kring artists' society. But that is when the client asks for that. I am affected by colour, but it isn't my first instinct. In our design for Harkema, we thought about painting a long wall a different colour every month, but that wasn't practical because of the cost. We ended up painting the wall using the entire Histor colour range.

After graduating from the Gerrit Rietveld Academie, where I studied in the audio-visual department, I worked for some time as an artist. I then spent more and more time doing design projects, for example for the Laundry Industrie label. I started by designing exhibition stands, and later worked on shop interiors. The projects gradually became more architectural and constructional. To sum it up, **I have learned my trade on the job.** I started working with the architect Herman Prast at the same time that we bought our house. We were asked to work together on the design of the Harkema brasserie in Amsterdam, which marked the launch of our own firm. We have now been working together for ten years and we have become bound up with one another; we discuss every design down to the last detail. We have also changed our name from Prasthooft to &Prast&Hooft. If you ask for one of us, you automatically get the other one as well.

De stalen constructie heb ik ter isolatie ingepakt in gipsplaat, en uit esthetisch oogpunt afgewerkt met gepigmenteerd stucwerk, en het tot slot afgesloten met steenolie.

I enclosed the steel construction in plasterboard for insulation, then covered it in pigmented stucco for aesthetic reasons, and finally sealed it with rock tar.

Ronald Hooft, °1962
&Prast&Hooft

BIOGRAFIE

1982-1987	diploma Audio-visueel Gerrit Rietveld academie, Amsterdam
1987-1997	werkt als beeldend kunstenaar
1997	start loopbaan als ontwerper
2002	oprichting &Prast&Hooft
2005-...	gastdocent MaHKU en Designacademie, Eindhoven
2009-...	wekelijkse column over architectuur in het Parool

PROJECTEN – EEN SELECTIE

Restaurant Harkema, Amsterdam
Restaurant Gustavino, Amsterdam
Restaurant Ysbreeker, Amsterdam
Restaurant Geisha, Amsterdam

Ronald Hooft, born 1962
&Prast&Hooft

BIOGRAPHY

1982-1987	diploma in audiovisual studies, Gerrit Rietveld Academy, Amsterdam
1987-1997	works as an artist
1997	starts a career as a designer
2002	founder &Prast&Hooft
2005-...	guest lecturer at MaHKU and Design Academy, Eindhoven
2009-...	weekly column on architecture in Het Parool newspaper

PROJECTS – A SELECTION

Harkema restaurant, Amsterdam
Gustavino restaurant, Amsterdam
Ysbreeker restaurant, Amsterdam
Geisha restaurant, Amsterdam

INA MEIJER & MATTHIJS VAN CRUIJSEN

We hadden nooit gedacht ooit in een schuur op het platteland te gaan wonen en werken. Maar door een opdracht voor het verbouwen en restaureren van een kop-hals-rompboerderij in Friesland, deed zich de mogelijkheid voor om twee oude schuren en een stuk land te kopen. In 2007 kochten we deze kippen- en karrenschuur samen met een hectare grond, en verbouwden ze tot een atelierwoning. Het was een hele klus om de oude schuren te herstellen, en met een hedendaagse functie de authentieke uitstraling te behouden. Het woeste, kale en ruige landschap voelt erg aards. **Soms, als hevige winterstormen tegen het huis beuken, is het alsof we in een boot zitten**. De luiken gaan dicht, maar je blijft het gieren van de wind horen.

De vloer in de grote schuur is zestig centimeter verlaagd, waardoor je letterlijk en figuurlijk op het niveau van het land zit. Zo nu en dan zie je hazen en reeën voorbij rennen en kijk je hen soms recht in de ogen. **Het werken met deze niveauverschillen loopt als een rode draad door al onze ontwerpen**. Net als de manier waarop de nieuwe ramen in deze woning zijn geplaatst. Ze hebben wel de vorm van de originele stalramen, maar zijn verschillend van grootte en zitten op wisselende hoogtes. Het markante grote raam dat uit de gevel steekt, geeft in de avond uitzicht op een zonsondergang achter de dijken. In de nacht is er alleen nog een eenzaam en verlicht benzinestationnetje te zien, met een Hopperiaanse uitstraling.

We never imagined that we would end up living and working in a barn in the countryside. But then we were commissioned to restore and convert a traditional *kop-hals-rompboerderij* (literally a 'head-neck-body' farmhouse) in Friesland, and this gave us the possibility of buying two old barns and a piece of land. In 2007, we bought these old barns where chickens and carts used to be kept, along with a hectare of ground, and converted them into a studio and house. It was a tough job restoring the old barns, and giving them a modern function while preserving their authentic character. The wild, bare and rugged landscape feels very earthy. **Sometimes, when the house is being battered by heavy winter storms, it feels as if we're sitting in a boat**. We close the shutters, but you can still hear the wind howling.

The floor in the big barn has been lowered sixty centimetres, which means that you are literally and figuratively at ground level. Now and then, you see hares and deer running past; and sometimes you find yourself looking straight into their eyes. **Working with these different levels is a common thread that runs through all of our work**. Another recurring element is the way that the new windows have been placed in the building. They have the same form as the original barn windows, but they are different sizes and are placed at varying heights. The striking large window sticks out from the façade so that you can see the sun setting behind the dikes in the evening. Once darkness has fallen, the only thing you can see is a solitary little petrol station lit up, which looks like a Hopper painting.

In het huis is er veel ongeschaafd hout, beton en natuursteen toegepast. Het werken met deze eenvoudige materialen is een van onze handelsmerken. **We maken graag gebruik van onregelmatigheid en toeval.** Het geeft een project handschrift. Zoals de oude steunbalken gemixt zijn met nieuwe, maar ook de verschillende oude deuren, gekozen op kleur, waarna de maat volgde. Na hun restauratie hebben we ze kaal gelaten, omdat je zo ziet met hoeveel liefde ze zijn opgelapt door onze vriend Aldo. De centraal gelegen keuken ligt hoger dan de rest. Door de opstap ervaar je een andere ruimte, en dat maakt de ruimte dynamisch. Het levert een mooie drempel op om op te zitten. Hetzelfde geldt voor de onderste treden van de trap naar boven. Die liggen als een los betonblokje voor de houten trap.

Op de bovenverdieping heeft Ina een tentkamer genaaid van canvas dat als een los object aan de balken hangt. Aanvankelijk was dit bedoeld om een idee te krijgen van hoe een nieuwe kamer zich in de ruimte verhoudt, nu is het een permanente logeerkamer geworden. De slaapkamer die uitkijkt over de weilanden en de waddenzeedijk, heeft een losstaand bad op pootjes. **Na de verbouwing zijn we begonnen met het maken van de tuin** in het grote weiland. We hebben met de hele studio vele knotwilgen aangeplant, heggen geplaatst ter bescherming van een bloementuin, en een fruitboomgaard aangelegd. Nog steeds wordt er druk gewerkt aan ruige borders met wilde planten en elzenhagen. Een deel van het weiland bleef behouden voor de twee ezels, Abel en Olga, en het schaap Toos. Zij kunnen binnenkort gezelschap verwachten van drie varkens van 'De Eerste Hollandse Worst Maatschappij'.

De muren van de kleine schuur waren te verzwakt om het dak te dragen, daarom bouwden we een nieuwe houten schuur in de stenen schuur. De constructie van de houten schuur draagt nu het nieuwe dak. De herstelde stenen muren en de kanten daklijst zitten er als een behang omheen. In het stukgewaaide deel van de wand hebben wij een groot venster geplaatst dat uitzicht geeft op de waddenzeedijk en met een groot schuifluik af te sluiten is.
Het is prettig om buiten het grote atelier, waar we met zes mensen werken, een andere ruimte te hebben waar je je in alle rust terug kunt trekken.

Inside the house, you find a lot of bare wood, concrete and stone. Working with these simple materials is one of our trademarks. **We enjoy incorporating irregularity and randomness in our work.** This gives a signature to a project. We like to mix old load-bearing beams with new, but we also use an assortment of old doors, selected for their colour, while the size is a secondary consideration. After restoring them, we left them bare, because then you could see how much love our friend Aldo had put into repairing them. The kitchen in the centre is on a slightly higher level than the rest. The step up to it creates the sense of a different space, making it more dynamic. It also gives you a nice step to sit on. It is the same with the bottom steps of the stairs leading to the first floor. They take the form of a separate concrete block at the foot of the wooden stairs.

On the upper floor, Ina sewed a canvas tent that is suspended from the beams like a separate object. Originally, this was intended to give an impression of how a new room would affect the space, but it has now become a permanent guest bedroom. The bedroom that looks out across the meadows to the Wadden sea dike has a freestanding clawfoot bath. **After the conversion, we started work on creating a garden in the large meadow.** We planted a lot of pollard willow, moved hedges to protect a flower garden, and laid out a fruit orchard. We are still working hard on planting irregular borders with wild plants and alder hedging. One area of the meadow has been set aside for the two donkeys, Abel and Olga, and the sheep Toos. They will soon be joined by three pigs from the 'De Eerste Hollandse Worst Maatschappij'.

The walls in the small barn had become too weak to support the roof, so we built a new wooden barn inside the stone barn. The structure of the wooden barn now supports the new roof. The restored stone walls and the 'lace ridge beam' surround it like wallpaper. Where a section of the wall had collapsed, we placed a large window with a view of the Wadden sea dike, with a large sliding shutter that could be pulled shut. As well as our big studio, where we work with six people, it is good to have another space where you can retreat when you need to work in peace.

De vloer in de grote schuur is zestig centimeter verlaagd, waardoor je letterlijk en figuurlijk op het niveau van het land zit. Zo nu en dan zien we hazen en reeën voorbij rennen en kijk je hen soms recht in de ogen.

The floor in the big barn has been lowered sixty centimetres, which means that you are literally and figuratively at ground level. Now and then, you see hares and deer running past; and sometimes you find yourself looking straight into their eyes.

Ina Meijer, °1968
INA MATT

1992	diploma architectonische vormgeving ABK Constantijn Huygens, Kampen
1992-1993	werkt bij West 8 te Rotterdam, BNI prijs
1997-1999	werkt studio Merkx+Girod Amsterdam
2000-2005	oprichting Studio I+M Amsterdam (met Matthijs van Cruijsen)
2005-...	oprichting INA MATT (met Matthijs van Cruijsen)
2005-2008	docent Design Academy, Eindhoven

Matthijs van Cruijsen, °1968
INA MATT

1994	diploma architectonische vormgeving, Rietveld Academie, Amsterdam
1997-1999	studie Master Retail & Communication, Willem de Kooning, Rotterdam
1997-1999	werkzaam studio Merkx+Girod Amsterdam
2000-2005	oprichting Studio I+M Amsterdam (met Ina Meijer)
2008-2010	docent Design Academy, Eindhoven

PROJECTEN – EEN SELECTIE

Z-bar Design Academy Eindhoven
Restaurant Laurier in Galleries Lafayette , Parijs (i.s.m. Li Edelkoort)
Wellness centrum in New Delhi, India
interieur, grafisch ontwerp en art-direction voor Hotel The Exchange, Amsterdam
Expositie 'Talking Textiles' in Milaan en Stockholm
School en dorpshuis in Pingjum

Ina Meijer, born 1968
INA MATT

1992	diploma in architectural design, A.B.K. Constantijn Huygens, Kampen
1992-1993	employed at West 8, Rotterdam, wins BNI prize
1997-1999	employed at Merkx+Girod, Amsterdam
2000-2005	founder Studio I+M Amsterdam (with Matthijs van Cruijsen)
2005-...	founder INA MATT (with Matthijs van Cruijsen)
2005-2008	teaches at Design Academy, Eindhoven

Matthijs van Cruijsen, born 1968
INA MATT

1994	diploma in architectural design, Rietveld Academie, Amsterdam
1997-1999	studies Master Retail & Communication, Willem de Kooning, Rotterdam
1997-1999	employed at studio Merkx+Girod Amsterdam
2000-2005	founder Studio I+M Amsterdam (met Ina Meijer)
2008-2010	teacher Design Academy, Eindhoven

PROJECTS – A SELECTION

Z-Bar café at the Design Academy Eindhoven
Restaurant Laurier in the Galeries Lafayette , Paris (with Li Edelkoort)
Wellness centre in New Delhi, India
Interior decoration, graphic design and art direction for The Exchange Hotel, Amsterdam
'Talking Textiles' exhibition, Milan and Stockholm
School and village house in Pingjum, Friesland

JEROEN VAN SCHOOTEN

In 1999 benaderde het Bouwfonds ons bureau voor een ontwerp van een wooncomplex aan een rafelrand van de stad, met uitzicht op het IJ. Na elf september 2001 veranderde de wereld en zo ook de markt; de belangstelling onder potentiële huizenkopers nam af. Toen vroeg het Bouwfonds of ik er bij wijze van lokkertje zelf wilde gaan wonen, onder het mom van: zelfs de architect betrekt het pand. Ik wilde wel, maar alleen helemaal bovenin. We waren bovendien uitgekeken op Amsterdam-Zuid, waar de mix van bewoners ver te zoeken was en de buurtwinkels waren verdwenen. **Het Westerdok is een 'extreem gebouw'.** Een deel is sociale woningbouw, een deel is bestemd voor mensen die economisch aan de stad zijn gebonden en een deel is vrije sector. Ik vind het heel goed dat het stedenbouwkundig beleid op deze manier gettovorming probeert tegen te gaan.

Wonen in je eigen ontwerp is heel leerzaam. Ik was vanaf de fundering tot en met het dak betrokken bij dit ontwerp, en als je er dan opeens 249 buren bij hebt gekregen die een mening hebben, is dat best spannend. Tegelijk zou het laf zijn om anderen in je ontwerp te laten wonen, maar het zelf niet te doen. Er is kritiek van bewoners op bijvoorbeeld banale zaken als de overtollige hoeveelheid verlichting in de parkeergarage. Ook zou ik bepaalde details nu anders ontwerpen. Wat enorm gewaardeerd wordt zijn de gemeenschappelijke buitenruimtes. Die worden 's zomers gebruikt door spelende kinderen, zonnende bewoners, en tijdens evenementen als *Sail*, *Gay Pride*, Oud en Nieuw en natuurlijk ook Koninginnedag.

In 1999, the Bouwfonds – a major Dutch property developer – approached our office to design a residential complex on a run-down site on the edge of the city, with a view of the IJ. After the attacks of 11 September 2011, the world changed and so did the property market; potential house buyers lost interest. At the time, the Bouwfonds asked me if I would be willing to live there myself, as a kind of carrot to lure others, on the principle that it must be good if even the architect is moving there. I wanted to do it, but only if I could live at the very top. We were in any case fed up with Amsterdam-Zuid, where the social mix of residents was almost non-existent and local shops were closing down. **The complex Het Westerdok is an 'extreme building'.** One part is made up of social housing, one part is reserved for people with an economic link to the city and one part falls under the free market. I think it is really good that urban planning policy tries to implement a policy to prevent the creation of ghettos.

It's very educational to live in a building you designed yourself. I was involved in the project all the way from the laying of the foundations to the work on the roof, and when you suddenly find yourself surrounded by 249 neighbours who each have an opinion, it is certainly very exciting. At the same time, I would see it as cowardly if I allowed others to live in my building, but didn't do so myself. The residents sometimes criticise the most minor details, such as the excessive number of lights in the parking garage. I would also design certain details differently myself now. What people appreciate enormously are the communal outdoor spaces.

Het Westerdok mocht maar tot een bepaalde hoogte gebouwd worden, waardoor er binnen het ontwerp een volumetekort ontstond. Daarom hebben we de drie torens zodanig omgeklapt dat we aan voldoende meters kwamen. Toen ik wist dat we helemaal bovenin zouden gaan wonen, ben ik nog meer gaan nadenken over het ontwerp. Aan het IJ waait het altijd, **vandaar dat het dakterras in een kuip ligt, waardoor je buiten toch beschut bent**. Er staat een grote boom die we tijdens de bouw met een kraan op het dak hebben laten zetten. De ruimte onder het dakterras is 2,70 meter, terwijl de rest van het huis 3,60 meter vrije hoogte heeft, en dat is heel hoog voor nieuwbouw. Dan is er nog een patio en een groot balkon.

Ons appartement is casco opgeleverd, met als voordeel dat we het precies zo konden indelen als we dat zelf graag wilden. Ons vorige huis in Amsterdam was een heel groot alles-door-elkaar-heen huis. Dat wilden we niet meer. Hier kunnen de ruimtes door middel van schuifdeuren met elkaar worden verbonden, of juist van elkaar worden gescheiden. **We hebben intensief samengewerkt met meubelmakers**. Je gaat op deze manier veel dieper in op details. Er is bijvoorbeeld een wc gebouwd in de boekenkast, maar hoe vergrendel je de deur vanbinnen? Hoe ziet de kast er vanbuiten uit waarin een opklapbed is verborgen? Het is heel nuttig om over dat soort kleine dingen na te denken, zodat je bij een volgende opdracht gerichter kan vragen naar specifiek ruimtegebruik.

Het huis voelt als een comfortabele jas, die het in alle seizoenen goed doet. Zelfs met sneeuw. **Ik hou van hoog wonen, ik ben graag een toeschouwer**. Het is heel anders dan op straatniveau te leven waar iedereen z'n fiets tegen je gevel aan knalt en bij je aanbelt. Hier in het Westerdok is het afstandelijker en dat geeft mij rust. De plek is waanzinnig mooi. Het is er licht, de lucht is er een stuk frisser, je kijkt over de hele stad uit, terwijl de oude stad op een steenworp afstand ligt. Er is altijd wat te zien. Boten, vliegtuigen, auto's, treinen. Je kijkt op de meeuwen neer van bovenaf, en met Oud en Nieuw ontvouwt het vuurwerk zich op ooghoogte.

The Westerdok was restricted to a certain height limit, which meant that we ended up with a shortfall in the total volume of the design. So we solved the problem simply by turning the towers on their sides, which gave us the right number of metres. When I realised that we were going to be living right at the top, I started to think again about the design. It's always windy on the IJ, which is why **the roof terrace is sunken, so that you remain sheltered when you are outside**. There was a big tree which we lifted up to the roof using a crane during the construction. The space below the roof terrace measures 2.7 metres, whereas the rest of the house measures 3.6 metres in height, which is relatively high for new buildings. In addition, there is a patio and a large balcony.

Our apartment was delivered in a raw, 'shell' condition, which had the advantage that we could design the interior exactly as we wanted. Our previous place in Amsterdam was a really big house with a mishmash of rooms. We didn't want something like that any more. Here, we can open up the space with sliding doors, or we can just close off the different areas. **We worked intensively with furniture makers**. That way, you get much more closely involved in the details. We have for example incorporated a WC in the bookcase, but how would you lock the door from inside? What does a cupboard look like from the outside when there is a folding bed hidden inside? It's really useful to think about these kinds of small details, so that when it comes to the next project you can ask more precise questions about how the space is to be divided.

The house feels like a comfortable coat, which works well for all seasons. Even when it snows. **I like living in a high building; I enjoy being a spectator**. It's totally different from living at street level where anyone can lean their bike against your wall and ring your doorbell. Here in the Westerdok, you have a certain distance from other people, and I find that tranquil. The location is incredibly beautiful. It's light, the air is a bit cleaner, you can see over the whole city, and yet the old centre is just a stone's throw away. There's always something to see. Boats, planes, cars, trains. You can look down on the seagulls, and see the fireworks going off at eye level during the New Year's Eve celebrations.

De ruimtes kunnen door middel van schuifdeuren aan elkaar worden verbonden, of juist van elkaar gescheiden.

We can open up the space with sliding doors, or we can just close off the different areas.

Jeroen Van Schooten, °1960
MVSA

BIOGRAFIE

1983	diploma HTS Bouwkunde, Utrecht
1984	oprichting Meyer en Van Schooten Architecten BV (met Roberto Meyer)
1990	diploma Academie van Bouwkunst Arnhem
2005-2010	voorzitter van de Bond van Nederlandse Architecten (BNA)
2010-...	bestuurslid Dutch Green Building Counsel
2010	voorzitter BNA - Jonge Architecten Prijs

PROJECTEN – EEN SELECTIE

Woning, Bosch en Duin
Masterplan en hoofdkantoor voor KEMA in Arnhem
Woningen op het GWL-terrein, Amsterdam
Apartementengebouwen, Monikkenhuizen, Arnhem
Hoofdkantoor voor de ING-Groep, Amsterdam
Rotterdam CS, Rotterdam (i.s.m. Team CS)
Renovatie ministerie van Financiën, Den Haag
Hoofdkwartier van Defenise, Kromhout Kazerne, Utrecht

Jeroen Van Schooten, born 1960
MVSA

BIOGRAPHY

1983	diploma in building engineering, Utrecht
1984	starts Meyer en Van Schooten Architecten BV (with Roberto Meyer)
1990	diploma from Academy of Architecture, Arnhem
2005-2010	chairman of the Royal Institute of Dutch Architects (BNA)
2010-...	board member of the Dutch Green Building Council
2010	chairman of the BNA Young Architects Award

PROJECTS – A SELECTION

House, Bosch en Duin
KEMA masterplan and head office, Arnhem
Housing on the GWL site, Amsterdam
Apartment buildings, Monikkenhuizen, Arnhem
ING Group head office, Amsterdam
Rotterdam Central Station, Rotterdam (with Team CS)
Renovation of the Ministry of Finance, The Hague
Headquarters of the Dutch Armed Forces, Kromhout Barracks, Utrecht

MAARTJE LAMMERS & BORIS ZEISSER

Een strak en leeg huis zal je bij mij niet zien, ook al houd ik van design en soms van minimalisme, maar het opruim-gen is bij mij gewoon over het hoofd gezien. Bovendien zou ik van steriliteit ongelukkig worden. Ik omring me graag met rommeltjes en we gebruiken ook graag gevonden voorwerpen uit de natuur, zoals twijgen van gesnoeide wijnranken waar we handgrepen voor kastjes van maken. Een berkenstam heeft bij ons in huis een tweede leven gekregen als trapleuning en van driftwood maak ik lampen. Ik heb in een hoekje een soort altaartje gemaakt met spullen uit New Mexico en een zilveren hert met kaarsen. Dat maakt me gelukkig.

Onze droom was een pand te vinden waarin wonen en werken zou gecombineerd kunnen worden. Dat leek me het summum. We zochten naar een oude school, en vonden uiteindelijk een suikertaart-achtig gebouw uit 1875 in Kralingen, dat uiteenlopende maatschappelijke functies heeft gehad. Voor de koop definitief werd gesloten, mochten we van de oude eigenaars het gebouw in om van alles op te meten. **We konden op die manier de verbouwing goed voorbereiden.** Het pand, dat 20 meter breed is, hebben we verticaal gesplitst en een muur van onder naar boven opgetrokken. Rechts zit het kantoor, links wonen wij. Tegen de voorgevel is ooit een smalle strook aangebouwd met kleine hoge raampjes, zodat we er heel privé zitten. Er is immers geen inkijk vanaf de straat, maar daardoor is het er wel donker. Aan de achterzijde hebben we grote ramen teruggeplaatst en in de tussenwand hebben we met potlood figuren op de muur getekend die er zijn uitgehakt, wat ook licht in de woonkamer brengt.

You will never find me in a sober, empty house, even though I like design and sometimes even minimalism, but the clearing-out gene has passed me by completely. What's more, I would feel unhappy living in a sterile space. I like to surround myself with bits of junk and we also like to use objects we come across in nature, like the twigs from pruned vines which we use to make handles for cupboards. A birch trunk has been recycled in our house as a staircase banister. I make lamps from driftwood. And I have created a sort of altar in a corner out of bits and pieces I found in New Mexico and a silver deer with candles. This makes me happy.

Our dream was to find a place where we could combine living and working. That seemed to me to be the ideal. We looked at an old school, and finally found a wedding cake-style building from 1875 in Kralingen. Before we finally agreed on the sale, the previous owners allowed us to take measurements of everything. That meant that **we could plan everything before we moved in**. The building is 20 meters wide, and we split it vertically with a wall from floor to ceiling. The office is on the right side, and we live on the left. At some point a narrow strip with small, high windows was added to the front of the building; we can enjoy complete privacy. While you can't see into the house from the street, it means that it is rather dark inside. We have replaced the big windows at the back of the building and we have drawn figures in pencil on the dividing wall which we have then cut out, which also brings more light into the living room.

Ons huis zit in het gedeelte waar ooit het toneel en de kelder waren gebouwd. Het souterrain is 6 meter hoog, en de begane grond 5,5 meter, zodat er ooit een tussenvloer gebouwd werd. Dit levert een mooi splitlevel principe op. In het souterrain is de keuken, waar we met veel mensen kunnen zitten. De woonkamer is op de tussenvloer, met op de begane grond een eettafel, en boven zijn de slaapkamers. Het is een sterk pand dat onze ingrepen goed verdraagt.

'Inspired by nature' is de gemene deler in ons werk. Het oerinstinct van de mens maakt dat hij affiniteit heeft met de natuur, die alternatieve oplossingen aandraagt voor bouw- en installatiesystemen. **Ik ben ervan overtuigd dat natuurlijke materialen iets met je doen**. In ons huis speelt het ook een belangrijke rol. Wij hebben dit Art d'Eco genoemd: state of the art design, geïnspireerd op de natuur. Zo wordt een tumble weed die ik gevangen heb op de prairie van New Mexico, een lamp. Op de verschillende verdiepingen hangt ons eigen ontworpen behang met het patroon van bladeren en waarin allerlei foto's uit ons leven zijn verwerkt. Beneden is het in groene tinten uitgevoerd, mijn slaapkamer heeft de gele variant, terwijl de muur in mijn dochters kamer is behangen met de rode variant. Zo hebben we de verschillende seizoenen in huis.

We gebruiken ons huis ook als experimenteertuin. We proberen materialen uit, verwerken ze tot meubels, we kijken wat de mogelijkheden en beperkingen van iets zijn. In de badkamer hebben we een slingerwand gebouwd die de wc van de douche scheidt. De wand is gemaakt van polycarbonaat waarop we waterpatronen met vissen en zwemmende dansers hebben gedrukt. Die patronen zijn weer afkomstig van internetbeelden van de allermooiste voorstelling die ik ooit heb gezien: *Dido en Aeneas* van Sasha Waltz, gemaakt voor het Holland Festival. Het huis voelt super, ik voel me er ontzettend thuis. Ik kan werk en wonen goed scheiden, maar soms loop ik op blote voeten in pyjama even door de tuin naar kantoor. De voortuin is gemaakt van maaskeien met sedum en lijkt op een droge rivierbedding, waar verder een vijg, een magnolia en moerbei groeien. De achtertuin is een *unfinished project*, waar ik ooit een moestuin wil aanleggen.

Our house occupies part of the building where there was once the theatre and the basement. The basement is six metres high, while the ground floor is 5.5 metres; an extra floor was inserted at some stage, which creates an attractive split-level effect. The kitchen is located in the basement, where we can sit together with a large number of guests. The living room is on the middle floor, with a dining table on the ground floor, while the bedrooms are on the upper floor. The building is strong and can easily survive the changes we have made.

'Inspired by nature' is the common denominator in our work. It's a basic instinct of the human species to feel connected to nature, which gives rise to alternative solutions for systems of construction and installation. **I am convinced that natural materials can have an effect on you**. It also plays an important role in our house. We have called this Art d'Eco: state of the art design, inspired by nature. So a tumbleweed that I caught in the prairies of New Mexico becomes a lamp. We have designed our own wallpaper to hang on the different floors which incorporates leaf patterns and various personal photographs. On the ground floor, it has green tones, while my bedroom has the yellow version, and the wall in my daughter's room is covered with the red version. This means that we can experience different seasons in the house.

We also use our house as a laboratory. We test different materials and turn them into furniture. We examine the possibilities and limitations of things. We created an undulating wall in the bathroom to separate the shower from the WC. The wall is made from polycarbonate on which we have printed images of water along with fish and swimming dancers. These were based on internet images of the most beautiful production that I have ever seen: Dido & Aeneas by Sasha Waltz, a choreographed opera produced for the Holland Festival. The house feels fantastic; I really feel at home living here. I can easily separate work and living, but there are times when I walk barefoot in pyjamas through the garden to get to the office. The front garden, which is covered with pebbles from the Maas planted with sedum, looks like a dry river bed. It also contains a fig tree, a magnolia and a mulberry. The back garden is a work in progress, where I want one day to plant a vegetable garden.

Op de verschillende verdiepingen hangt ons eigen ontworpen behang met het patroon van bladeren en waarin allerlei foto's uit ons leven zijn verwerkt.

We have designed our own wallpaper to hang on the different floors which incorporates leaf patterns and various personal photographs.

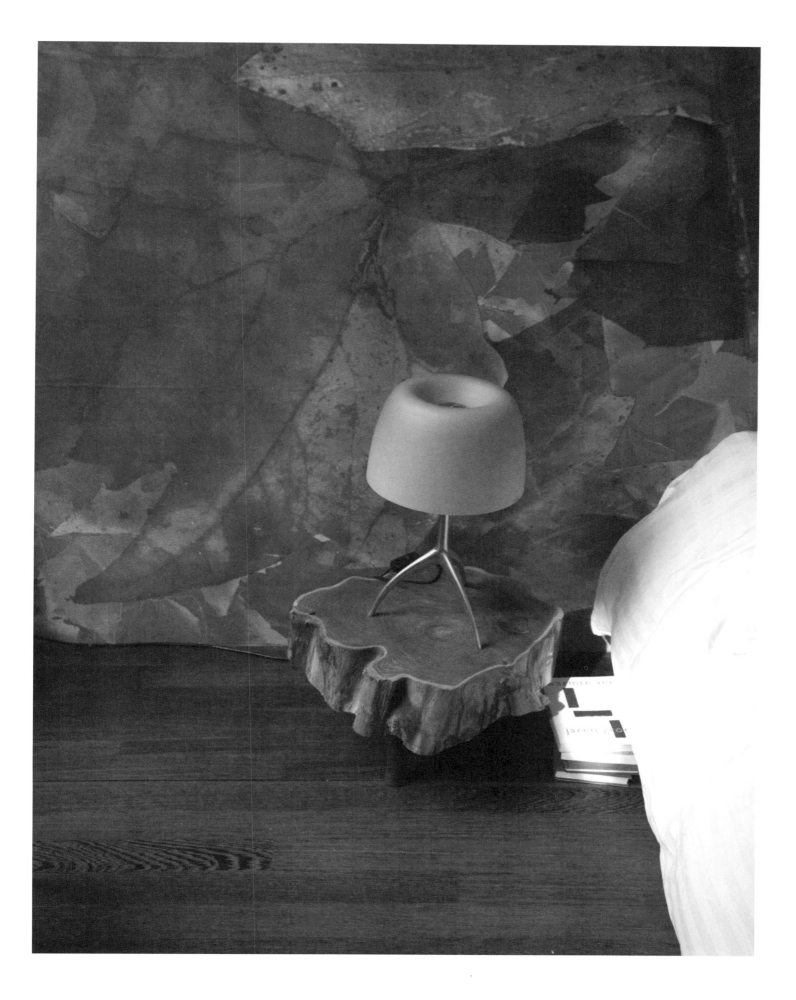

Maartje Lammers, °1963
24H architecture

1988	diploma architectuur TU Delft
1988-2000	architect bij OMA, Mecanoo architecten en Erick van Egeraat architects
2001	oprichting 24H architecture (met Boris Zeisser)
2008-...	docent Academie van Bouwkunst en Piet Zwart Instituut, Rotterdam

Boris Zeisser, °1968
24H architecture

1995	diploma architectuur Technische Universiteit, Delft
1996-2001	architect bij Erick van Egeraat associated architects,
2008-...	docent Rotterdamse Academie van Bouwkunst
2010	Top 3 architectuur in Nederland (Volkskrant) Rietschuur, Alkmaar
2012	Russische architectuur prijs Housing categorie voor Woontoren Hatert
2012	docent Willem de Koning academie Rotterdam

PROJECTEN – EEN SELECTIE

Dragspelhuset, Årjäng, Zweden
Children & Environmental Education Centre, Soneva Kiri, Koh Kood, Thailand
Kantoor Rijkswaterstaat, Assen
Panyaden School Chiang Mai, Thailand
Woontoren Hatert, Nijmegen
Eco resort voor Six Senses, Salt Cay, Turks & Caicos islands

Maartje Lammers, born 1963
24H architecture

1988	diploma in architecture, Delft University of Technology
1988-2000	architect at OMA, Mecanoo architects and Erick van Egeraat associated architects,
2001	founder 24H architecture (with Boris Zeisser)
2008-...	teacher at Academy of Architecture and Piet Zwart Institute, Rotterdam

Boris Zeisser, born 1968
24H architecture

1995	diploma architecture, Delft University of Technology
1996-2001	Architect at Erick van Egeraat associated architects
2008-...	teacher at the Rotterdam Academy of Architecture
2010	Top 3 buildings in the Netherlands (Volkskrant), Rietschuur, Alkmaar
2012	teacher at the Willem de Koning Academy, Rotterdam
2012	Russian architecture prize, housing category, for Hatert apartment block

PROJECTS – A SELECTION

Dragspelhuset, Årjäng, Sweden
Children & Environmental Education Centre, Soneva Kiri, Koh Kood, Thailand
Water board office, Assen
Panyaden School, Chiang Mai, Thailand
Hatert apartment block, Nijmegen
Eco resort for Six Senses, Salt Cay, Turks and Caicos Islands

ROLF BRUGGINK

Ik heb in mijn leven aardig wat slechte huizen gezien, maar dit huis in Oud-Charlois sloeg alles. Het pand stond al dertig jaar leeg. **Het dak was lek, zodat mos en schimmel op de vloeren groeiden, en de balken waren doorweekt**. Mijn idee om al het sloophout te hergebruiken, heb ik helaas moeten laten varen. We hebben voor 35.000 euro een nieuwe fundering laten maken, en dat was meteen de prijs die we voor het huis hebben betaald. Het pand was deel van het programma van de Gemeente Rotterdam om achterstandswijken nieuw leven in te blazen door zogenaamde 'kluswoningen' aan particulieren te verkopen. Wij kochten dit huis in 2008, en de buurt krabbelt inderdaad overeind.

De 'zwarte parel' is mijn droomhuis geworden. De voorgevel is ontworpen door mijn eigen bureau Studio Rolf.fr, in samenwerking met Zecc architecten. Metsel-werk, kozijnen en de oude ramen zijn geïmpregneerd met een zwarte glimmende muurolie. Ik heb nieuwe vensters bij wijze van spreken door de gevel gepikt. De gemeente vond het een interessant experiment, en vroeg zich af of hiermee een precedent was geschapen. Ik heb ze verzekerd dat de kans erg klein was dit veel navolging zou gaan krijgen. De lichtstraat, de dubbele hoogtes, de zichtlijnen, de ruimtelijkheid, de contrasten tussen bestaand en nieuw maken het huis rijker en interessanter. In de voorgevel en in het interieur blijf je de sporen van het verleden zien. Op de bouwmuren verraden een oude trapleuning en gaten van verwijderde vloerbalken de oorspronkelijke indeling van de woning. Alleen is de nieuwe woning in de honderd jaar oude jas helemaal anders geordend.

I've seen a lot of horrendous houses in my time, but this one in Oud-Charlois beats them all. The place had been empty for thirty years. **The roof was leaking, the floors were covered with moss and mould, and the beams were waterlogged**. I had originally planned to reuse the old wood in the construction, but unfortunately had to abandon that idea. We had to put in new foundations, which cost us 35,000 euro – which is what we had paid for the house itself. The property was being sold as part of a scheme by Rotterdam city council to inject new life into disad-vantaged neighbourhoods by selling what were termed 'problem houses' to private buyers. We bought this house in 2008, and the neighbourhood actually did begin to struggle back to life.

The Black Pearl has become my dream house. The brick façade was designed by my own firm Studio Rolf.fr, in coopera-tion with Zecc architects. The brickwork, frames, and old windows are impregnated with a black shiny oil paint. I 'poked' new win-dows into the façade. The city saw it as an interesting experiment, and wondered whether this would set a precedent. I assured them that there was little chance that it would gain a large fol-lowing. The house is made richer and more interesting because of the light flowing through the building, the double heights, the viewlines, the spaciousness, and the contrasts between old and new. There are traces of the past in the front façade and the inte-rior. The original structure is revealed in the exposed brick walls where a banister from a staircase and gouges from the original beams are still visible. The only difference is that the new house occupies the century-old structure in a totally different way.

Ik vond het leuk om in dit huis constructief en bouwtechnisch aan de slag te gaan. **Het bestaande pand is gebruikt als huls om een geheel nieuw huis in te bouwen**. Alle wanden en vloeren zijn uit het huis gesloopt waardoor er een ruimte ontstond van 5 meter breed, 10 meter lang en 11 meter hoog. Ik ben begonnen met het dak. Toen ik bezig was met de zoveelste balk, kwam de bouwinspecteur langs. 'Jonge, jonge, wat een overdreven bouwwerk maak jij', zei hij hoofdschuddend. Wist hij veel dat ik alle vloeren en muren van aan elkaar geschroefde latjes zou ophangen aan de dakvloer, waardoor verdere ondersteuning niet nodig is. De aaneenrijging van smalle latten gaat van vloer over in muur, in deur, in tafel. Het is een sculptuur geworden. Ik ben bang dat ik wel tevreden ben met het resultaat.

Het is geen huis voor mensen met hoogtevrees. Maar daar hebben wij geen last van, we hebben ook geen kinderen die overal af kunnen donderen. Voor ons is het juist heel erg leefbaar. **Het zijn drie verschillende werelden die op elkaar zijn gestapeld**: de studio die vijf meter hoog is, dan de woning en tot slot de daktuin. Het is mijn derde huis en het is het resultaat van de vorige twee. Ik heb architectuur en stedenbouw aan de TU Delft gestudeerd, en ik heb gemerkt dat ik stapjes heb moeten maken om van mijn opleiding 'los te komen': minimalistisch is geen dogma. Daarom mogen in dit huis ook zogenaamd gezellige prulletjes staan. De Martin-Visser-bank heb ik al tien jaar, maar die zou ik nu niet meer kopen. Dat soort meubelen past in een ideaalbeeld van hoe iets hoort te zijn. Daarom wil ik het juist niet. Geef mij maar scheefgezakte kastjes op verschillende poten, die aan mijn eigen brein zijn ontsproten.

Beneden in de studio maak ik meubels en objecten. Van zorgvuldig gemaakte meubels die niemand meer in zijn interieur wil hebben, maak ik nieuwe exemplaren. Toen de spullen van koningin Juliana werden geveild, heb ik allerlei stoelen en kastjes gekocht. Van één kast maak ik er uiteindelijk vier. De kastjes prepareer ik eerst met epoxy en schuimrubber, waarna ik ze met een kettingzaag doormidden zaag.

I enjoyed getting to grips with this house as an exercise in construction and building techniques. **The existing building was used as a husk in which the new house was constructed**. All the walls and floors were demolished, which created a space measuring five metres wide, ten metres long and 11 metres high. I started with the roof. While I was working on one of the many beams, the building inspector called by. 'Man, oh man, what a lot of work you're making for yourself,' he said, shaking his head. He had no earthly idea that I intended to suspend all the floors and walls from the roof floor using a structure of laths screwed together, so that there was no need for any further support. The linking of narrow laths continues from the floor into the wall, the door and the table. The final effect is sculptural. I am afraid that I am really satisfied with it.

This is not a house for anyone who suffers from vertigo. But we don't have a problem with heights, and we also don't have any children who could come tumbling down all over the place. From our point of view, it is simply a very livable place. **You have three different worlds that have been placed on top of one another**: the studio which is five metres high, then the living quarters and finally the roof garden. This is my third house and it follows on from the previous two. I studied architecture and urban planning at Delft University of Technology, and I see that I have had to move step by step to shake off my training: minimalistic is not a dogma. So you are allowed to have nice bits and bobs in this house. I have had the Martin Visser sofa for ten years, but I wouldn't buy it now. This type of furniture fits into an ideal vision of how something ought to be. But I don't want it for that very reason. I'd rather have a cupboard that was falling apart and had an assortment of legs, something that is the product of my own brain.

I make furniture and objects in the studio downstairs. I create new furniture out of carefully-made old pieces that no one wants to have in their house any more. When they sold off Queen Juliana's things, I bought various chairs and cabinets. I eventually made four cabinets out of a single one. I begin by preparing the cupboards with epoxy and foam rubber, then I cut them down the middle with a chain saw.

Op de bouwmuren verraden een oude trapleuning en gaten van verwijderde vloerbalken de oorspronkelijke indeling van de woning.

The original structure is revealed in the exposed brick walls where a banister from a staircase and gouges from the original beams are still visible.

Rolf Bruggink, °1974
Studio Rolf.fr

BIOGRAFIE

1997	diploma architectuur, TU Delft
1997	diploma stedenbouw, TU Delft
1997-2003	oprichting architectenbureau Rolf Bruggink
2003	oprichting Zecc Architecten samen met Marnix van der Meer
2009	oprichting Studio Rolf.fr
2011	LAI interieurprijs, Dutch Design Public Award en BNA Gebouw van het jaar regio Delta

PROJECTEN – EEN SELECTIE

Woning 'Laboratory of Living', Utrecht
Studio en woning 'Zwarte parel', Rotterdam
Collectie 'Juliana en Rolf', getransformeerde meubels van het Nederlandse
        Koningshuis
Tentoonstelling 'broken desk' uit de collectie 'Juliana en Rolf', Dutch Design, Paleis
        Oranienbaum, Duitsland

Rolf Bruggink, born 1974
Studio Rolf.fr

BIOGRAPHY

1997	diploma in architecture, Delft University of Technology
1997	diploma in urban planning, Delft University of Technology
1997-2003	founder architect's office Rolf Bruggink
2003	founder Zecc Architecten with Marnix van der Meer
2009	founder Studio Rolf.fr
2011	awarded LAI interior prize, the Dutch Design Public Award and BNA Building of the Year in the Delta Region

PROJECTS – A SELECTION

'Laboratory of Living' House, Utrecht
'Zwarte parel' house and studio, Rotterdam
'Juliana en Rolf' Collection, transformation of furniture from the estate of Queen Juliana of the
        Netherlands
Exhibition 'broken desk' from the 'Juliana en Rolf' Collection, Dutch Design, Oranienbaum Palace,
Germany

ADRESSEN
ADDRESSES

Eline Strijkers
Doepel Strijkers

Havens 285
Benjamin Franklinstraat 509
3029 AC Rotterdam
www.doepelstrijkers.com

**Arne Van Herk &
Sabien De Kleijn**
Van Herk de Kleijn Schroeder &
de Jong Architecten

Groenhoedenveem 22
1019 BL Amsterdam
www.vanherkdekleijn.nl

Egbert De Warle
Egbert De Warle
Architectenbureau

Hoofdweg 4
1058 BC Amsterdam
www.egbertdewarle.nl

Don Murphy
VMX Architects

Stadionplein 22
1076 CM Amsterdam
www.vmxarchitects.nl

Gunnar Daan
GDArchitecten

Ropsterwei 5
9137 RH Oosternijkerk
www.gunnardaan.nl

Daniël Höwekamp
Aayu architecten

Nieuwpoortkade 2a
1055 RX Amsterdam
www.aayu.eu

Maarten Min
Min2 bouw-kunst

Hoflaan 1
1860 AE Bergen
www.min2.nl

Felix Claus
Claus en Kaan Architecten

Krijn Taconiskade 444
1087 HW Amsterdam

Boompjes 55
3011 XB Rotterdam
www.clausenkaan.nl

Rianne Makkink
Studio Makkink & Bey

Overschieseweg 52a
3044 EG Rotterdam
www.studiomakkinkbey.nl

Wim De Vos
Studio De Vos

Bogortuin 109
1019 PE Amsterdam
www.wimdevos.com

Herman Hertzberger
Architectuurstudio HH

Gerard Doustraat 220
1073 XB Amsterdam
www.ahh.nl

Ronald Hooft
&Prast&Hooft

Kraijenhoffstraat 32
1018 RL Amsterdam
www.prasthooft.nl

**Ina Meijer &
Matthijs Van Cruijsen**
Studio INA MATT

Riegeweg 14
8749 TD Pingjum
www.ina-matt.com

Jeroen Van Schooten
Meyer en Van Schooten
Architecten

Pilotenstraat 35
1059 CH Amsterdam
www.meyer-vanschooten.nl

**Maartje Lammers &
Boris Zeisser**
24H-architecture

Hoflaan 132
3062 JM Rotterdam
www.24h.eu

Rolf Bruggink
Studio Rolf.fr

Pompstraat 44
3082 RT Rotterdam
www.rolf.fr

DANKWOORD

Veel dank zijn wij de architecten en ontwerpers
verschuldigd die ons toelieten tot hun privédomein. Ondanks hun drukke agenda's
namen ze allemaal de tijd om ons uitgebreid te
ontvangen. Onderlinge collegialiteit bleek groot,
velen waren zo behulpzaam ons op het spoor
van een andere architect te zetten. Bijzondere
huizen, bijzondere mensen.

Mirjam Bleeker, Frank Visser en Santje Kramer

WORD OF THANKS

We would like to thank the architects and
designers who generously allowed us access to
their private homes. Despite their busy schedules,
they all took the time to show us every aspect
of their house. These were professionals with
a strong sense of solidarity, often putting us in
touch with their fellow architects. Exceptional
houses, exceptional people.

Mirjam Bleeker, Frank Visser and Santje Kramer

MIRJAM BLEEKER reist als onafhankelijk
fotograaf de wereld af, op zoek naar de mooiste en meest
buitengewone plekken en mensen. Haar werk verschijnt
in talrijke internationale publicaties, vooral in reis- en
interieurmagazines.

De Nederlandse stylist en designer FRANK VISSER
woont in Amsterdam. Zijn tot de verbeelding sprekende
projecten verschijnen onder de naam IJM en worden
regelmatig gepubliceerd in internationale design
magazines.

SANTJE KRAMER werkt als freelance (televisie)
journalist, en is partner van Mothers of Invention.
Daarnaast schreef zij diverse boeken, zoals 'Het Poldermodel. De Nederlandse vrouw is uniek'

MIRJAM BLEEKER Mirjam Bleeker works as in
independent, self-assigned photographer. She roams the world,
seeking the most beautiful and extraordinary people and places.
Her work has appeared in numerous international publications,
particularly travel and interior magazines.

Dutch stylist and designer FRANK VISSER lives in
Amsterdam. Working under the name of IJM, his projects have
been featured in international design publications and really
spark the imagination of the viewer.

SANTJE KRAMER works as a freelance journalist and
TV reporter, and is a partner at Mothers of Invention. She has also
written several books, including *Het Poldermodel. De Nederlandse
vrouw is uniek* (The Polder Model: the Uniqueness of the Dutch
Woman).

COLOFON

NEDERLANDSE ARCHITECTEN
EN HUN HUIS

Fotografie: Mirjam Bleeker
Samenstelling: Frank Visser
Interviews: Santje Kramer
Vertaling: Derek Blyth
Eindredactie: Frank Vandecaveye
Grafische vormgeving: Joke Gossé

D/2012/12.005/2
ISBN 978 94 6058 0963
NUR 648
© 2012 Luster, Antwerpen
www.uitgeverijluster.be

COLOPHON

DUTCH ARCHITECTS
AND THEIR HOUSES

Photography: Mirjam Bleeker
Production: Frank Visser
Interviews: Santje Kramer
Translation: Derek Blyth
Editing: Frank Vandecaveye
Graphic design: Joke Gossé

D/2012/12.005/3
ISBN 978 94 6058 0949
NUR 648
© 2012 Luster, Antwerp
www.lusterweb.com